위너모닝

위너모닝

당신의 하루를 바꾸는 6가지 아침 루틴

초 판 1쇄 2024년 09월 26일

지은이 최지훈
펴낸이 류종렬

펴낸곳 미다스북스
본부장 임종익
편집장 이다경, 김가영
디자인 윤가희, 임인영
책임진행 김요섭, 이예나, 안채원

등록 2001년 3월 21일 제2001-000040호
주소 서울시 마포구 양화로 133 서교타워 711호
전화 02) 322-7802~3
팩스 02) 6007-1845
블로그 http://blog.naver.com/midasbooks
전자주소 midasbooks@hanmail.net
페이스북 https://www.facebook.com/midasbooks425
인스타그램 https://www.instagram.com/midasbooks

ISBN 979-11-6910-820-1 03190

값 18,500원

🐾 **미다스북스**는 다음세대에게 필요한 지혜와 교양을 생각합니다.

WINNER

—— 위너모닝 ——

당신의 하루를 바꾸는
6가지 아침 루틴

최지훈 지음

MORNING

미다스북스

추천사

"시간은 금이라구 친구!"

유명 게임인 〈월드 오브 워크래프트〉에서 고블린 NPC들이 입에 담는 대사이다. 이 대사가 시간을 엄청나게 빼앗는 게임에서 나왔다는 것이 아이러니하지만, 그만큼 시간은 중요한 것이다.

나 또한 항상 시간이 부족해 허덕이는 사람으로서, 시간을 만들어 내야 한다는 강박을 받고 있다. 가족과의 시간, 회사에서의 성취, 개인 투자와 독서, 그리고 블로그 활동까지… 정밀 기계처럼 깨어 있는 시간을 모두 활용하고 있다.

그럼에도 불구하고 욕심은 끝이 없다. 무엇인가 이루고 나면 그 위의 봉우리가 보이는 법이고, 새로운 아이디어가 끝없이 머릿속으로 들어온다. 시간이 너무도 필요하다.

그래서 중요한 것이 새벽 기상이다. 새벽에 조금만 더 일찍 일어날 수 있다면 더 많은 것을 더 효율적으로 할 수 있다. 하지만 따스한 이불의 유혹은 너무도 달콤하고, 새벽 시간의 눈꺼풀은 너무도 무겁다.

'대체 알파님은 어떻게 새벽 5시에 매일 일어날까? 나도 그 비밀의 한 꼭지를 얻을 수 있을까? 좋아! 이 책을 꼼꼼하게 읽으면 나 또한 시간을 만들어내는 자가 될 수 있을 거야!' 그런 희망을 가지고 책을 열었다.

위의 생각은 책을 한번 읽은 뒤에 완전히 사라졌다. 비법은 없다. 어쩌면 당연한 말이지만 알파님은 시작부터 나의 뼈를 때리고 시작했다. 첫 시작부터 이런 문장 이었다.

"차근차근 만든 습관이 좋은 결과를 만든다."

그렇다. 책 한번 읽었다고 좋은 글 보았다고 나 자신이 바뀌지는 않는다. 책과 글은 계기일 뿐, 결국 필요한 것은 습관이다. 혹여 나와 같은 생각으로 접근하는 분들이 계실까 미리 밝혀두지만, 이 책을 읽었다고 당신이 당장 내일 새벽 기상을 하지는 못할 것이다.

차분하게 다시 글들을 보길 바란다. 알파님에 의하면 새벽은 기다려지는 삶이다. 새벽 시간을 활용하면 생산적인 하루를 보낼 수 있다. 1년 동안 지속하면 삶의 유의미한 변화를 경험할 수 있다. 휴대폰도 말을 거는 이도 없이 오롯이 나만의 시간을 보낼 수 있다. 그렇다. 단지 새벽에 일어나는 것 그 자체가 중요한 것이 아니었다. 알파님은 새벽을 활용하고 채워 나갔기 때문에 그 새벽이 기다려지고, 감사로 하루를 열고, 삶의 변화를 경험하면서 이전에는 상상하지 못했던 단계로 나아갈 수 있었던 것이다. 물론 새벽에 일어나는 행동 그 자체 만으로도 의미가 있다. 하지만 본인이 그 행동을 통해 어떤 것을 얻을 것인지를 생각하지 못한다면, 그 행동은 지속되지 못할 것이다. 조금만 지치거나 예상치 못한 일이 발생하면 처음의 다짐은 눈 녹듯 사라질 것이다.

다양한 자기 계발의 방식도 결국 통하는 것이 아닐까 한다. 좋은 책을 읽고, 자극을 받는 영상을 보고, 유명인들이 시키는 것을 충실하게 이행하는 것으로 충분하지 않다. 그것은 첫걸음일 뿐이다. 그 길이 스스로에게 어떤 의미가 있는지를 계속 자문하지 않는다면, 수많은 자기 계발의 길은 그저 고통과 미혹의 길에 그치게 될 것이다. 나는 이제 그저 새벽 기상, 그 자체를 바라지 않는다. 새벽 기상을 통해 무엇을 얻을 것인가? 그 시간을 어떻게 채울 것인가? 그것을 위해 어떤 노력을 할 것인가? 꾸준히 할 수 있는 방식인가? 같은 질문을 스스로에게 계속할 것이다. 그리고 조금씩 실천하면서 그 답을 내릴 것이다.

만약 내가 새벽형 인간이었다면 이 추천사를 쓸 수 있었을까? 이 책을 읽고 나도 새벽 기상을 시작해 보려 한다. 이제 여러분도 새벽 기상에 대한 답을 낼 수 있을 것이다. 포근한 이불의 감촉을 사랑하고, 밤이 깊어질수록 더더욱 생기가 도는 전국의 동지 들이여! 그대들을 위한 책이 여기 있다. 다 같이 도전하는 마음으로 이 책을 열어보자!

너구리팬더 (네이버 인플루언서)

아무도 방해하지 않는 시간을 확보하는 것도 능력 중 하나입니다. 대부분은 허겁지겁 일어나서 시간에 쫓기며 일터로 갑니다. 그렇게 일터에 가서도 남이 시킨 일을 처리하는데 많은 시간을 보내며 나 자신을 제대로 돌아볼 여유를 갖지 못하는 게 현실입니다. 이걸 깨우치고 내 시간을 확보하여 그 시간을 성찰/발전의 시간으로 활용하는 사람이 있고, 평생에 걸쳐 깨우치지 못하고 사회 부품처럼 살아가는 사람이 있습니다. 그래서 내가 집중할 수 있는, 내가 방해받지 않는 시간을 확보하는 것은 능력이라 할 수 있는 겁니다.

꼭 아침 일찍 기상하는 것만이 답은 아닙니다. 밤 늦은 시간일지라도 내 시간을 온전히 확보할 수만 있으면 됩니다. 그러나 아침시간을 지배함에 따른 성취감으로 하루를 시작하면 다른 어떤 일도 가뿐하게 해결할 수 있게 됩니다. 시작이 남 다르니까요. 아침부터 승리하고 시작하니까요. 성공자들이 흔히 하는 얘기가 있습니다. "일어나서 이부자리 정리부터 제대로 해라" 아침에 일어나는 것이 그만큼 쉽지 않지만, 그 쉽지 않은 걸 해내며 하루를 맞이했기에 더 나은 삶을 마주할 수 있는 겁니다.

저자의 책 제목인 워너모닝. 아침부터 승리로 시작하면 인생 전반에서 승리할 수밖에 없습니다. 어릴 때부터 귀가 따가울 정도로 들었던 아침기상/아침활동들. 더 이상 미루지 말고 아침에 해야 할 것들 것들을 적고, 아침마다 해야 할 것들이 있다는 생각에 감사함으로 하루를 시작해보는 건 어떨까요? 아침을 지배하는 자, 나를 통제하고 더 나아가 내 주변을 통제할 수 있는 몇 안 되는 위너가 되는 지름길입니다. 위너모닝을 통해 새로운 활력을 얻는 분들이 더욱 많아지길 바랍니다.

루지 (『월급쟁이 부자의 머니 파이프라인』 저자)

바쁜 하루를 살아가는 우리는 하루를 온전히 나의 것으로 만들기가 쉽지 않습니다. 하루 종일 주어진 의무를 하다 보면 온전히 나를 위한 시간을 확보하기가 어려울 때도 있습니다. 때로는 일에 지쳐, 사람에 지쳐서 자신을 돌보지 못하는 날들이 많습니다.

이 책은 새벽 시간의 기적에 대해 이야기하고 있습니다. 하루 일과가 시작되기 전 새벽의 몇 시간은 나를 위한 온전한 시간을 선물해줍니다. '당신의 하루를 바꾸는 6가지 아침 루틴'은 나다운 삶을 살기 위한 실천적인 방법을 제시합니다.

저도 새벽 시간을 사랑합니다. 가족들이 깨어나기 전, 나의 일상이 시작되기 전의 새벽은 누구도 방해하지 못하는 나만의 소중한 시간입니다. 새벽 시간을 올바르게 활용하면 하루를 변화시킬 수 있습니다. 그 변화가 우리의 삶에 긍정적인 영향을 미칠 것이라 믿습니다. 이 책이 당신의 삶에 소중한 선물이 되길 바랍니다.

부아C(『마흔, 이제는 책을 쓸 시간』 저자)

알파 작가님과 소통을 주고받는 동료 작가인 저는 매일 같이 새벽 5시 경쯤에 블로그에 글을 올리면서 하루를 시작합니다. 알파 작가님은 새벽에 매일 마주치는 새벽반 동료입니다.

다작을 하는 알파 작가님을 볼 때마다 궁금한 점이 많았습니다. 사업으로 바쁠 텐데 블로그에만 하루에 7편의 글을 올립니다. 그 외에 다른 SNS에도 다양한 글을 쏟아내고 있습니다. 같은 작가 입장에서 그 시간관리의 비결이 무엇인지 내심 궁금했습니다. 이 분은 과연 잠을 주무시고 계신지 의구심을 품을 때도 있었죠.

〈위너모닝〉을 완독하고 나서야 그 비결에 대해 깨닫게 되었습니다. 알파님은 아침 2시간의 효율을 강조합니다. 다른 시간대에 비해 두 배 이상의 효율을 자랑하는 시간대입니다.

알파 작가님은 다량의 글을 매일 작성하시고 매일 집필

작업을 합니다. 본업을 하면서 어떻게 그런 시간 경영과 주의 집중력 관리가 가능할까요? 오전 오후에는 업무를 봐야 하니 아침 시간과 저녁 시간을 잘 활용하고 있습니다.

아침 2시간 동안 작가 본인만의 루틴이 잘 짜여 있습니다. 40분은 본인만의 의식이 있습니다. 미소, 사색, 기도, 감사, 읽기로 구성된 시간입니다. 그리고 나머지 1시간 20분은 집필 시간이 됩니다.

알파 작가님은 1년 전까지만 하더라도 늦게 자는 야밤형 스타일에서 지금은 완전하게 미라클 모닝을 즐기는 사람이 되었습니다. 새벽 일찍 기상하면서 예전보다 피로도 덜 느낄 뿐만 아니라 생산성이 증대된 새벽 시간을 활용하여 여러 가지 루틴을 마칩니다.

그 변화의 원동력은 어디서 비롯되었을까요? 바로 100권을 출간하는 전설적인 작가가 되겠다는 꿈이 저자 본인을 추동 시키는 겁니다.

알파 작가님 말마따나 '위닝모닝은 문'입니다. 독자 여러분이 바라는 꿈과 목표가 있습니까? 새벽 시간을 적극적으로 활용하면서 꿈을 추구하세요. 새벽이 기다려지는 삶을 살아본 적이 있나요? 새벽이 주는 설렘을 겪어본 적이 있으신가요? 새벽은 일종의 프라임 타임입니다. 하루에 새벽 시간은 두 번 오지 않습니다. 홀로 깨어 있는 그 시간은 나 자신이 바로 새벽의 시공간과 일체화가 될 정도로 몰입의 강도가 뛰어납니다. 새벽의 자유가 궁금하지 않습니까? 직관적이며 영감으로 가득한 동트기 직전의 시간에, 우리 생각은 날개를 달고 비상하다 영감을 얻고 우리의 곁으로 활강합니다.

〈위닝모닝〉을 읽고 새벽 시간을 어떻게 보낼지 궁리해 보세요. 본서에는 알파 작가님의 루틴과 시간관리 비결이 담겨 있습니다. 꼭 글쓰기뿐만 아니라 다른 방면의 자기계발을 바라는 분이라면 도움 될 겁니다. 예를 들어 저자는 업무 중에 미팅 전후로 10분씩 시간이 남을 때가 있는 경우 책을 읽는다고 합니다. 2024년 현재 반년도 안 되는 기간 동안 〈위너노트〉까지 세 권의 책을 출간하게 됐습니다. 내년에는 4~5권의 책을 펴낼 계획이 있습니다. 하루 3~4시간씩 매일 꾸준히 글을 쓰고 있습니다. 이런 다작과 왕성한 활동의 비결에는 위너모닝이 있습니다. 독자 여러분도 본서를 읽고 위너모닝에 대한 영감을 얻어 가길 바랍니다.

데미안(『처음으로 공부가 재밌어지기 시작했다』 저자)

프롤로그

『위너모닝』은 필자의 아침 루틴을 통해 보고 느낀 것들을 함께 실천하기 위해 집필된 책이다. 습관, 희망, 변화, 감사, 행복, 미래, 루틴으로 구성되어 있다. 각 장을 통해 아침을 여는 사람이 되면 얻는 유익을 함께 탐구해나갈 수 있다.

특히 루틴으로 서술한 부분은 필자의 아침 루틴을 자세하게 기술하였다. 아침 미소, 새벽 사색, 새벽 기도, 새벽 감사, 새벽 읽기, 새벽 쓰기, 루틴 반복을 통해 어떻게 아침 루틴을 실천하며 성장으로 나아가는 로드맵을 구성할 수 있다.

나는 매일 아침 5~6시면 기상한다. 2시간 동안 해야 할 일들이 정해져 있다. 덕분에 하루 중 가장 생산적인 시간을 만들 수 있다. 여행, 출장 등의 기타 이유로 아침 루틴이 깨지면 글쓰기를 마무리하기 위해 2배 이상의 시간을 들여야 하는 경험을 했다.

매일 아침 어느 누구의 방해도 받지 않는 시간이 얼마나 중요한지를 루틴을 이어오면서 느낄 수 있었다. 위너로 가는 '모닝 루틴'을 만들자. 좋은 습관은 오랫동안 쌓여서 내 것이 된다. 하루아침에 이루어지지 않는다.

매일 반복하면서 나의 것으로 체화해나가자. 생산적인 시간으로 채우는 매일의 삶이 쌓일 때 몰라보게 성장하는 나를 만나게 된다. 어제와 다른 나, 내일이 기대되는 나를 생각하며 살아가는 삶에는 희망과 행복이 깃든다.

『위너모닝』을 통해 여러분의 삶이 아침을 기대하는 삶이 되길 바란다. 나아가 매일 아침 가장 생산적인 삶을 쌓아가 원하던 꿈을 현실로 만드는 아름다운 경험도 함께하길 기대한다. 무슨 일이든 시간을 들이고 공을 들인 만큼 성과가 나타난다. 매일 아침을 깨우고 생산적으로 사용하는 데 공을 들여보자. 더할 나위 없이 기쁘고 생산적인 경험을 할 것이다.

목차

2장　새벽 기상으로 여는 아침의 문　희망

3장　새벽 기상이 가져다준 선물　변화

4장   새벽 기상이 주는 따뜻한 마음   감사

5장 새벽 기상을 통한 채움

감사

6장 새벽 기상을 통해 만나는 감정

행복

7장   새벽 기상을 통해 그리는 그림   미래

1장

새벽 기상으로
되는 위너

——————————

습관

WINNER MORNING

1

차근차근 만든 습관이
좋은 결과를 만든다

천천히,

느리게,

차근차근

때론 심하다 싶을 정도로 천천히, '왜 이렇게 느리지?'라는 생각이 들 정도로 느리게, '조금 더 퀀텀점프해도 되지 않나?'라는 의문이 들도록 차근차근 진행할 필요가 있다. 속도가 빠르면 그 가속도에 매몰되어 볼 수 없는 것들이 생긴다. 글쓰기에 있어서는 더 그렇다. 책을 출간할 때마다 진행하는 퇴고 작업이 그렇다. 퇴고에 속도를 붙여버리면 보지 못하는 것들이 생긴다. 책을 읽을 때 만나게 되는 오타는 늘 반갑지 않은 손님이다. 비단 책만 그럴까?

인생의 전 영역이 그렇게 연결이 된다. 너무 빠른 속도를 좋아하지 말자. 『원씽』에 보면 멀티태스킹의 역설을 언급하고 있다. 두 가지를 동시에 처리할 수 있다고 좋아하지만 실상은 그렇지 않다. 둘 다 망치는 길이 될 수 있다. 한 가지를 제대로 하고, 그 다음 스텝으로 넘어가야 한다.

내공을 쌓고 다음으로 넘어갔을 때 진행이 훨씬 수월해진다. 처음부터 요행을 바라지 말자. 실력이 쌓이면 요행을 부리지 않아도 자연스럽게 되는 순간이 온다. 필자는 퀀텀점프를 별로 좋아하지 않는다. 건너뛴 분량이 늘 후청구로 기다리고 있기 때문이다. 조금 느리다 싶어도 제대로 천천히 걸어가는 것이 오히려 훨씬 더 효율적이다.

관계를 맺어갈 때도, 일을 할 때도 같았다. 느리게 차근차근 만들어간 관계의 깊이가 더 깊었다. 느리고 천천히 진행했던 프로젝트가 훨씬 결과물이 좋았다. 요행을 바라면 결과물도 영 형편이 없어진다. 그 마음에 이미 결핍이 있기 때문이다. 열심과 정성을 쏟아야 한다. 실천 없이 얻어지는 결과물이 좋으면 그것도 이상한 것 아니겠는가?

열정은 말로 하는 것이 아니다. 좋은 생각 〉 좋은 행동 〉 좋은 습관 〉 좋은 루틴 〉 좋은 결과를 순차적으로 증명하는 것이다.

2

감사도 습관이다

　아침을 미소로 시작한다. '감사도 습관이다.' 감사를 외치며 하루를 시작한다. 어떤 삶이 정답을 보며 사는 삶인지를 고민한다. 고민의 결론은 감사 생활화였다. 그래서 매일 루틴처럼 감사를 외치고 있다. 글모닝을 시작하고 계속 의식적으로 감사를 실천하다 보니 감사가 습관이 되었다.

　매일 아침을 감사로 시작한다. 그것만으로도 삶이 풍성해졌다. 당신은 하루의 시작을 어떻게 하고 있나? 감사

글을 쓰고 있는 나도 매일 감사로 시작한 지 그렇게 오래
되지 않았다. 실천 해보니 너무 좋아서 추천하는 것이다.
무엇이든 감사의 제목을 찾자. 감사로 시작해 감사로 마
무리하면 삶의 행복도가 올라간다. 감사할 제목이 없다면
우선 마음부터 추슬러보자.

마음 건강부터 챙기면 감사로 풍요로워지는 하루하루
를 느낄 수 있다. 생각보다 많은 사람들이 감사를 생각하
지 않고 일상을 보낸다. 이건 나도 그랬기 때문에 특별히
증명하지 않아도 될 것 같다. 밤이 되면 자고, 아침이 되
면 일어난다. 출근 시간에 맞춰 출근하고 업무를 보고 퇴
근한다.

해야 하는 것이니까 하는 일상은 즐거움이나 행복감이
떨어질 수밖에 없다. 그럼 어떻게 해야 할까? 같은 행동
을 반복하더라도 다른 다이내믹을 넣으면 된다. 하루의
시작을 감사로 하고 업무 시간 쉬는 중 잠시 시간은 글을
쓰고, 퇴근 후에는 감사로 마무리해보는 것이다. '작은 변

화가 큰 변화를 만드는구나'라고 느끼는 순간을 만나게 될 것이다.

이런 루틴을 바꾸고 아침 2시간을 추가했다. 덕분에 전업 작가의 삶도 살아가고 있다. 개인적인 체감으로는 아침 2시간이 약 4시간의 효과가 있었다. 아침에 집중해서 쓰는 글은 힘이 있다. 그리고 집중도 잘된다. 반면 낮에는 전화가 오고 카톡이 오기 때문에 글쓰기에 집중하기 어렵다. 그래서 효율이 2배나 차이가 나는 것이다.

무언가 꼭 이루고 싶은 일이 있다면 아침 시간에 집중해보자. 시작은 10분이었다. 30분, 50분, 60분, 그리고 2시간으로 늘렸다. 이렇게 서서히 늘려보니 똑같이 보내는 하루의 가치가 더 높아졌다. 그 시작엔 감사가 있었다. 감사하는 마음이 많은 상황도, 환경도 변화하게 한다는 걸 경험하고 있다. 여러분도 해봤으면 좋겠다. 하루 한 번은 온몸과 마음을 다해 감사해보자.

3

매일을 실행으로 채우자

'계속할 수 있음에 감사'한다. 7포 챌린지를 시작한 이후로 매일 가열히 글을 쓰고 있다. 하루, 7편씩 글을 쓰고, X(트위터)와 스레드에도 글을 올리고 있다. 스스로 즐기지 않으면 할 수 없었을 것이다. 즐길 수 있는 마음과 함께 응원해 주시는 분들이 있어서 참 감사하다. 글쓰기를 매일 즐겁게 이어갈 수 있음에 감사한다.

하루하루의 삶이 다이내믹하게 행복으로 채워져서 기쁘다. 요즘 X의 재미에 빠져든다. 전 세계 사람들이 하는 플랫폼 답게 외국인 X 친구들이 1/3가량 된다. 영어로 남긴 글에 코멘트를 달아주시는데 때론 참 따뜻한 감동을 받을 때가 있다. 국적을 넘어서 문화가 다른 사람들과 교류하는 즐거움이 있다.

덕분에 폭넓은 사고방식을 배운다. '아! 이렇게도 생각할 수 있구나!'라고 감탄사를 연발하게 된다. 그래서 더 열심히 좋은 생각을 찾게 된다. 예전에는 7편의 글감을 위한 좋은 생각만 했다면 이제 X와 스레드를 위한 좋은 생각도 함께한다. 덕분에 글쓰기는 자동으로 훈련이 되고 있다.

좋은 글을 만나면 기록해두자. 좋은 책을 읽고 좋은 문장을 접하게 되면 반드시 메모한다. 혹은 모바일 메모장에 빠르게 적어 저장한다. 그런 과정들이 모여서 그 문장들이 내 것이 된다. 좋은 글을 쓰고 싶을 때 친구처럼 불쑥 나타나준다. 그럴 때면 얼마나 반가운지 모른다. 생활 속에 좋은 습관을 쌓아가야 한다. 그 습관이 모여 좋은 루틴을 만들어준다.

아침과 저녁 시간이 기다려지는 요즘이다. 낮에는 업무를 봐야 하니 마음껏 글쓰기를 할 수 없다. 정말 재밌어하는 일을 업으로 삼을 수 있어서 행복하다. 글쓰기를 통해 사람의 마음을 터치하고, 누군가에게 울림을 줄 수 있다는 사실이 참 감사하고 행복하다. 내 글이 여러분께도 따뜻한 생각을 전하는 글이었으면 좋겠다.

ㄴ

미소로 시작하는 아침

감사 자체가 주는 힘이 있다. 감사가 주는 기쁨이 있다. 하루의 시작을 기분 좋은 감사로 채우면 하루가 더 보람차게 채워지는 경험을 하게 된다. 감사하면서 1분 동안 할 수 있는 최고의 미소를 짓는다. 표정이 밝아진다. 덕분에 기분 좋은 생각들을 더할 수 있다. 불편한 감정들을 잘 컨트롤해야 한다.

그래야 원하는 방향으로 집중해 나아갈 수 있다. 아침에 하는 1분 감사는 그 기운을 모으는 시간이다. 아침 첫 글을 감사로 시작하는 것은 하루 종일 기분 좋은 일들을 만나고야 말겠다는 일종의 선언이다.

어떤 생각을 하고, 어떤 말을 하고 살아가는지에 따라 그 사람의 인생이 바뀐다. 글을 쓰는 것에 더 집중하게 된다. 좋은 생각의 필요성을 더 크게 느끼게 된다. 좋은 생각, 좋은 말, 좋은 글에 집중하게 되면서 좋은 생각이 시선의 뷰를 넓힌다는 사실을 느낀다. 덕분에 좋은 기운을 내 것으로 만드는 행운을 경험하고 있다.

가치를 어디에 두고 살아가는지가 정말 중요하다. 좋은 것들을 남기려는 이유는 명확하다. 나도 행복하고 이 글을 읽는 당신도 행복하길 바라기 때문이다. 글을 쓰면서 다른 사람의 생각을 함께 소통으로 공유하면서 더 배운다. 결국, 다른 사람이 잘되는 것이 나의 행복임을 깨닫는다. 이타심이 남을 위하는 마음으로 시작해 나를 더 성장하게 한다.

덕분에, 좋은 글을 매일 쓸 수 있고, 좋은 생각을 매일 하게 된다. 그 매일의 습관과 행동이 나를 더 행복하게 한다. 행복의 선순환이다. 좋은 글을 위한 생각이 『위너모닝』을 만들었다. 매일 똑같이 만들어나갈 것이다. 매일 아침을 감사로 채워나갈 것이다. 그 감사가 당신과 나의 인생에 행복을 선물해줄 것이다.

5

좋은 루틴을 이어가는 것

　매일 새벽 40분간 새벽 루틴(미소, 사색, 기도, 감사, 읽기)을 하고 1시간 20분씩 글쓰기를 계속해나가고 있다. 새벽이 풍성해진다. 아침에 일어나 걷는 걸음으로 인해 혈액순환이 잘된다. 건강해져가는 것을 느낀다. 걷기 운동이 가장 몸에 좋다고 하는데 요즘 실감하고 있다.

　아침 독서를 걸으면서 하고 있다. 좋은 책을 읽을 수 있어서 참 감사하다. 좋은 저자들의 좋은 생각을 소음 없이 받아들이는 이 새벽 시간이 참 좋다. 좋은 글을 읽고 나서 풍성해진 마음으로 글을 쓴다. 누군가에게 희망을, 누군가에게 행복을 전하는 글을 쓰고 싶다는 마음을 가득 담아 글을 쓴다.

글 속에 그 따뜻한 마음의 꽃이 피어난다. 좋은 생각이 가고 오는 것은 참 감동스러운 과정이다. 베풀고 나누는 것에 큰 기쁨이 있다. 그 마음만으로도 함께하는 모두가 아름다워질 수 있다. 그래서 새벽에는 더욱더 따뜻한 생각에 집중한다. 『결국 해내면 그만이다』를 완독했다.

저자의 잔잔한 감정선이 잘 드러난 책이라 친구와 함께 길을 걸으며 이야기를 듣는 듯한 책이었다. 때론 독자로, 때론 작가의 시점으로 책을 읽으면서 참 와닿는 부분들이 많았다. 싱그런 새벽 상쾌한 아침을 맞이하는 것은 참 감사한 일이다. 불과 1년 전만 해도 필자는 새벽형 인간이었다. 새벽 2~3시까지 업무를 하고 아침을 시작하는 8시면 늘 피곤함에 익숙한 삶을 살았다.

그 루틴을 12시에 취침하고 4~5시에 기상하는 걸로 바꿨다. 몸의 피로감이 훨씬 덜 느껴진다. 그리고 새벽 시간에 만나는 내가 기다려진다. 매일 아침이 기다려지는 삶이 참 좋다. 그래서 여러분도 한번 해보길 권한다. 새벽만의 무드, 아침만의 무드가 있다.

처음부터 너무 힘들게 할 필요는 없다. 1시간만 조정해보자. 2시에 자던 사람은 1시에 자고 8시에 일어나던 사람은 7시에 일어나는 것이다. 그렇게 확보한 1시간만으로도 내 삶은 크게 바뀔 수 있다.

6

좋은 아침의 시작 루틴

매일 같은 일을 반복하는 것만으로 충분히 많은 것을 얻을 수 있다. 거기에 +α로 아침을 감사로 시작하면 하루를 기쁨으로 채워나갈 수 있다. 활력이 넘치는 사람이 더 잘될 수밖에 없다. 보는 방향성이 잘되는 곳을 향해 있기 때문이다. 그런 면에서 나의 아침 루틴을 참 좋아한다.

40분 새벽 루틴과 1시간 20분의 글쓰기 덕분에 매일 새벽이 풍성하게 채워지고 있다. 불가능의 영역이라 생각했던 분량을 채울 수 있는 힘은 오롯이 새벽 루틴이 있어서 가능했다. 몇 년 전에도 동일하게 필자는 사업가였고 바빴다. 그때는 미라클모닝을 도전해도 실행하기가 쉽지 않았다. 바뀐 패턴 덕분에 너무 큰 피로감이 몰려와 일상을 유지하기 힘들었던 것이다.

　지금은 새벽에 일어나는 것이 체화되었다. 무엇이 같은 사람을 같은 환경에서 이렇게 바꿔버린 것일까? 그건 바로 꿈 때문이다. 100권을 출간하는 전설적인 작가가 되겠다는 꿈이 나를 움직이게 한다. 매년 4권 이상의 책을 출간하려면 매일 7편 이상의 글을 써야 한다.

　내 기준에는 그렇다. 월 200여 편의 글을 쓰면 약 한 권의 책이 된다. 분량으로는 12권이지만 생산하는 글을 모두 책으로 출간할 수는 없기 때문에 1/4 정도만 사용한다고 가정할 때 4권이 된다.

　내 꿈 덕분에 4권은 최소한의 마지노선이 되었고 하루 7편도 양보할 수 없는 분량이 된 것이다.

덕분에 내 삶은 +α의 삶으로 변화하고 있다. 이전보다 바쁘지 않아서 이런 스케줄이 가능한 것이 아니다. 바쁘기에 새벽 시간을 가진다. 한번 놓치면 루틴을 유지하기 너무 힘들기 때문에 이렇게 하는 것이다. 단단하게 나의 좋은 습관들을 이어가고 있다. 여러분도 함께 자신만의 루틴을 만들어서 발전적인 삶을 살아갔으면 한다.

ㄱ

독서로 시작하는 아침 루틴

아침 루틴을 이어 간다. 새벽 4시 30분 기상 40분간 아침 루틴을 진행한다. 걸으면서 책을 읽는다. 『명동 부자들』을 읽었다. 좋은 방법론을 제시하는 실전서라 더 공감되는 부분이 많았다. 40분의 시간을 보내고 노트북 앞에 앉았다. 7편의 글을 써 내려간다. 어제 쓰려고 잡아 두었던 문장들을 꺼내어 글을 쓰기 시작한다. 읽은 책의 내용과 함께 좋은 잔상들이 남아 글을 써 내려가는 데 막힘이 없다. 다시 한번 느낀다. '이래서 독서를 해야 하는 거구나'라고.

독서는 정신적 에너지를 충전시켜주는 통로다. 그래서 매일 아침 30분을 독서에 사용하고 있다. 이 루틴을 적용해서 끌고 온 지 1년이 흘렀다. 매일 아침 30분의 힘을 크게 느끼고 있다. 책을 읽고 서평을 쓴 양을 보니 한 달에 24권을 썼다.

24권씩 읽으면 1년에 약 288권. 조금만 더 노력하면 300권을 읽을 수 있겠다 싶다. 많은 책을 읽는 것에 집중하는 이유는 간단하다. 좋은 책을 읽어야 좋은 글을 쓸 수 있기 때문이다. 하루 종일 책을 읽지 못한다. 본업이 있고 낮 시간은 일을 해야 한다. 그래서 새벽 시간과 저녁 시간을 최대한 효과적으로 쓰고 있다.

덕분에 2개의 직업을 잘 수행해 나갈 수 있다. 새벽과 아침, 저녁 시간에는 작가로, 낮 시간 동안에는 사업가로 살아가는 것이다. 좋은 루틴을 세워서 지켜 나가야 한다. 그래야 시간 효율을 높일 수 있다. N잡러의 시대다. 한 가지 직업으로 승부를 보는 것도 좋은 방법이지만 다양한 직업을 통해 파이프라인을 키울 필요도 있다. 나만의 아침 루틴을 세워보자. 그 루틴이 스스로의 성장에 큰 역할을 한다는 것을 느낀다면 당신은 이미 성공으로 다가서고 있는 사람이다.

8

새벽을 여는 읽기와 쓰기

새벽에 눈을 떠서 1분 미소로 하루를 시작한다. 밝게 시작하는 아침은 늘 큰 감사를 부른다. 아침 읽기 시간에 『심리학이 이토록 재미있을 줄이야』를 읽고 있다. 몇 가지 공부하며 알게 된 단어들이 나와서 반갑다. 확증편향, 방관자효과, 시너지효과, 동조효과 등 심리학 책을 여러 권 보면서 자연스러워지는 단어들이 있다.

공부의 필요성을 더 깊이 공감하게 된다. 안다고 생각하는 것이 아는 것이 아님을 독서를 하면서 느낀다. 안다 싶은 단어는 설명할 수 있을 때 아는 것이라 표현할 수 있다. 읽은 내용들을 잊지 않기 위해 부지런히 기록해 나가는 작업을 하고 있다. 써야 뇌리에 오랫동안 남길 수 있다.

매일 아침 기상이 설레는 삶이 참 좋다. 새로운 지식을 받아들이고 아침을 시작한다. 새벽을 여는 기도를 하고 글쓰기에 들어간다. 이런 건전한 루틴이 시간을 효과적으로 사용하게 만들어준다. 불필요한 곳에 소비할 시간을 줄일 수 있게 되면서 시간 효율은 더 높아지고 있다.

아침 시간에 나를 단단하게 하는 2시간을 붙들고 살아가려 한다. 계속 하면서 습관이 되어가고 있음을 느낀다. 알람을 맞추지 않고 일어나기 시작한 지 몇 개월이 흘렀다. 쌓는 것의 복리 효과도 함께 누리고 있다.

앞서 언급한 것처럼 여러 가지 단어들을 내 것으로 만들어 나갈 수 있다. 좋은 생각, 좋은 말, 좋은 글을 생각하고 말하고 쓰는 것을 계속 이어가야 한다. 지속해서 쌓으면 분명한 결실을 낼 수 있다. 하루아침에 이루어지는 것은 없다. 그래서 매일 치열하게 몸부림치며 노력의 시간을 쌓아 나가야 하는 것이다.

위너 시리즈 책을 쓰면서 위너들에 대한 관심을 지속적으로 갖고 있다. '성공했다.'라고 정의 내릴 수 있는 대부분의 위너들은 여전히 삶의 현장에서 최선의 열심을 내고 있었다. 위너들도 그렇게 하고 있는데 우리도 그래야 하지 않겠는가? 그래서 필자는 새벽을 여는 읽기와 쓰기를 이어가고 있다. 나만의 좋은 습관을 쌓는 시간을 만들어야 한다. 처음엔 10분이 좋다. 시작은 가볍게 해야 원하는 만큼 시간을 확장해나갈 수 있다.

헬스를 처음 시작한 사람이 100㎏ 무게를 한 번에 들어올리면 허리를 다쳐서 운동을 다시는 못하게 된다. 가볍게 2~3㎏부터 들다가 근육이 쌓이고 경력이 쌓이면 100㎏도 들 수 있는 능력을 갖게 된다. 우리의 삶에 있어서 읽기와 쓰기도 그렇다. 읽어본 사람이 속독도 할 수 있게 되고 써본 사람이 책도 쓸 수 있게 된다. 그러니 너무 서두르지 말자. 한 스텝씩 하면 할 수 있다.

9

삶을 단순화하라

매일 글을 쓰는 삶을 살아가면서 패턴을 단순화 시켜 나가고 있다. 자연스러운 일이다. 글쓰기가 삶의 일부로 자리 잡아서다. 매일 7편의 글을 적정한 질에 맞춰 쓰려면 정돈된 삶을 살아가야 한다. 덕분에 수면 시간도 관리하게 되고 새벽형 인간이 되어가고 있다.

본질에 승부를 거는 삶이 되면서 시간 사용의 가치를 높여갈 수 있어서 좋다. 아침에 눈을 뜨면 변함없는 루틴으로 하루를 시작한다. 1분 미소를 통해 즐거운 생각을 떠올린다. 아내가 첫 번째 녹음을 마치고 앨범을 손에 들고 사진을 찍던 순간을 떠올려본다.

　세상 행복한 시간이다. 꿈을 이룬다는 것은 참 의미 있
는 일이다. 『나를 소모하지 않는 현명한 태도에 관하여』를
읽었다. 참 좋은 책이다. 겸손과 배움의 가치의 중요성에
대해 역설하고 있다. 망각하기 쉬운 가치들에 대해 자세
하고 간결한 문체로 알려주는 내용이 참 좋다.

　이렇게 아침 루틴을 하나씩 해나간다. 변함없이 기도로
아침을 연다. 그리고 글쓰기를 위해 자리에 앉았다. 똑같
은 루틴을 반복해서 해나갈 수 있음에 감사하다. 건강에
대해서도 생각하게 된다. 매일 동일한 생산성을 지켜 나
가려면 우선 건강해야 한다. 아프면 모든 것이 멈추기 때
문이다.

　앞으로도 생산성을 높이고 현명한 삶을 지향하기 위해
삶을 단순화시키는 과정을 계속해 나가려 한다. 매일 스
스로에게 자문한다. "오늘 하루 최선을 다했는가?"라고
말이다. 이 질문에 예스라고 말할 수 있는 날들을 늘려가
려 하고 있다.

아침이 주는 첫 번째 선물

위너가 되는 길의 문을 여는 것이 아침을 깨우는 것이다. "벽인 줄 알았는데 문이었다."는 멋진 영화 대사가 있다. 아침을 깨우는 것이 벽처럼 느껴지는 사람이 있을 것이다. 『위너모닝』은 문이다. 위너를 꿈꾸는 사람의 아침 기상 루틴을 『위너모닝』이라 부른다. 벽이 아님을 깨닫고 문을 여는 사람이 되자.

매일 아침을 깨워 생산적인 하루를 시작하는 모닝 루틴을 세팅해보자. 습관이 주는 힘이 있다. 한 번, 두 번, 세 번, 백 번, 천 번을 쌓아가는 성실한 사람이 되자. 그 성실하게 깨우는 아침이 당신을 몰라보게 성장하게 하는 원동력이 되어줄 것이다. 매일 아침을 미소로 시작하며 삶에 긍정의 기운을 불어넣어 보자.

미소로 긍정의 아침을 시작하라

아침에 일어나면 미소로 하루를 시작한다. 1분간 필자가 지을 수 있는 가장 최고의 미소를 지어본다. 입꼬리를 올리고 웃는 표정을 연출한다. 그리고 생각한다. 가장 행복했던 순간을 떠올린다. 주로 가족과 함께했던 즐거운 에피소드를 생각한다.

아침 미소에 등장한 소재는 사이판의 마나가하섬이다. 마나가하섬은 사이판에 위치한 섬으로 투명한 바다와 해변의 모래사장이 아름다운 관광지다. 이곳에서 우리 가족들은 즐거운 시간을 보낸 경험이 있다.

집에 돌아오기 싫을 만큼 아름다운 그곳의 경치가 기억에 남는다. 사이판에서 배를 타고 들어가야 하는 섬이기에 오고 가는 길에 행복이 있다. 가족들과 즐거운 담소를 나누고 행복한 시간을 보낸 추억을 떠올려본다.

웃음은 MK세포를 생산한다. MK세포는 면역 세포의 일종으로 암을 억제하는 역할을 한다. 우리 몸에는 일정량의 암세포가 있다. 이걸 잘 억제해야 큰 병으로 번지는 것을 막을 수 있다. 그래서 자주 웃으면서 암세포가 자라지 못하도록 해야 한다.

대학 시절 웃음치료사 자격증을 따면서 웃음의 중요성에 대해 더 느끼게 되었다. 그래서 매일 아침 미소 짓는1분을 소중하게 지켜가고 있다. 매일 아침을 미소로 시작하는 것은 해본 사람만이 아는 매력이 있다.

하루의 시작을 즐겁게 할 수 있고, 컨디션을 좋은 상태로 끌어올릴 수 있다. 아침의 상쾌한 기분에 미소를 더하면 행복을 내 것으로 만들 수 있다. 매일 아침 미소 짓는 시간을 가져보자. 1분간 매일 미소 짓는 연습을 통해 매일을 최상의 컨디션으로 살아갈 수 있는 동력을 얻을 수 있다.

WINNER MORNING

2장

새벽 기상으로 여는
아침의 문

_ _ _ _ _ _ _ _ _ _ _

WINNER MORNING

1

새벽 5시 하루를 여는 시간

매일 새벽 5시면 하루를 시작한다. 일어나서 책을 읽고 글을 쓴다. 반가운 것은 새벽 5시에 일어나 글을 쓰는 동료가 있다는 사실이다. 함께 하루의 시작을 힘차게 외치고 굿모닝을 외친다. 덕분에 더 즐겁게 하루를 시작할 수 있다. 오래 하려면 혼자 하지 말고 함께하라는 말이 있다.

SNS채널을 운영하면서 글을 쓰면 좋은 점은 같은 결의 사람을 만날 수 있다는 것이다. 어느덧 4권째 출간을 마쳤고 『위너모닝』으로 5번째 책을 출간하게 되었다. 아침에 희망을 노래한다. 매일 글을 쓰고 새롭게 낼 책을 준비하는 기쁨의 순간을 만나고 있다.

아울러 목표를 세운다는 것이 얼마나 중요한 일인지 깊게 생각하게 되는 요즘이다. 매일 쌓아가야 한다. 그렇게 압도적인 결과물을 만날 수 있는 날을 만나게 된다. 모든 게 쉽지 않다고 하지만 그 속에 분명한 블루칩이 존재한다. 경기가 좋지 않다고 하지만 맛집은 여전히 문전성시를 이룬다.

1%를 추구해야 한다. 본인의 업에서 탁월한 성과를 내보이는 것이 성공으로 가는 지름길이다. 서울 출장길에 압구정동에 있는 메라톤 전시장을 다녀왔다. 본질에 다가서는 회사답게 신소재를 만날 수 있었다. 집중해야 할 부분들에 집중하는 모습에 공감이 되었다. 좋은 디자인을 위해서는 좋은 재료를 알아야 한다.

마찬가지로 좋은 글을 위해서는 좋은 글을 알기 위한

독서가 필요하고 꾸준한 글쓰기 연습을 병행해야 한다. 글은 잘 쓰고 싶은데 연습은 하기 싫다고 말하는 분들을 종종 만난다. 세상에 그런 건 없다. 성실하게 진정성 있게 글을 써야 한다.

연습의 시간을 통해 그 인고의 시간을 견뎌낸 사람이 출간의 기쁨을 누릴 수 있다. 나아가 공감하는 독자도 얻게 된다. 세상의 이치는 구전으로 내려오는 명언들과 여전히 맞닿아 있다. 그러니 정답을 듣고 그대로 실행하는 사람이 되자. 그 끝에 분명한 성장을 만날 수 있다.

ㄹ

아침은 희망을 몰고 옵니다

매일 아침 SNS를 통해 "안녕하세요, 좋은 아침입니다."
라는 인사를 한다. 인사를 할 때 말을 내뱉으면서 나도 함
께 좋은 아침을 만난다. 매일 인사를 습관화하면 유익하
다. 기분 관리도 실력이다. 좋은 기분을 관리하면 좋은 일
을 매일 만날 수 있다. 아침에는 새벽반 친구들을 만난다.
함께 글을 쓰고 인사하는 동료가 있어서 즐겁다. 그래서
요즘 아침을 더 신나게 맞이하게 된다. 글을 읽는 시간에
집중하여 읽고 새벽반 동료들과 행복한 하루를 외치면서
하루를 시작한다.

덕분에 생기를 서로에게 주고받을 수 있다. 같은 곳을 바라보는 사람들과 함께하자. 그래야 더 힘을 내고 서로에게 시너지를 줄 수 있다. 부정적인 말을 하는 사람을 멀리해야 한다. 이미 작가이거나 혹은 작가를 꿈꾸는 사람들과 글로 소통하는 사람은 더 좋은 글을 쓸 수밖에 없다.

좋은 글에 대한 고민을 하는 사람들이 만나 하는 얘기는 좋은 글에 대한 이야기일 수밖에 없다. 집단 지성이 큰 힘을 발휘하는 시대다. 감사한 것은 SNS의 대중화로 인해 집단 지성을 만날 기회가 늘었다는 것이다. 좋은 글을 쓰고 싶다면 좋은 사람들과 함께 아침 인사로 시작하자.

서로에게 희망을 주고받자. 그렇게 하루하루를 쌓아간 사람은 인생이 달라진다. 표정이 밝아지고 삶에 여유가 생긴다. 매일 희망을 주고받았기에 웬만한 일로는 흔들리지 않는다. 그런 단단함과 우직함이 더 큰 매력으로 자리 잡게 한다.

매일 아침 인사에 힘써보자. "안녕하세요, 행복 가득한

좋은 하루 보내세요."라고 인사해보자. 그 행복의 주인공
이 함께 소통하는 사람에게도 전달된다. 나에게도 그 기
분 좋은 느낌이 돌아오는 즐거운 경험을 하게 될 것이다.

3

의식적으로 희망을
내 것으로 가져오기

성경에 보면 "항상 기뻐하라, 쉬지 말고 기도하라, 범사에 감사하라."라는 문장이 나온다. 기뻐하는 것은 우리의 의지적 결단에 의해 충분히 해낼 수 있는 영역이다. 즉, 기쁨은 마음에서 나오는 생각으로 볼 수 있다. 좋은 생각을 하기로 결심하고, 기뻐하기로 결심하면 기쁨을 느끼며 살아갈 수 있다. 기쁨과 감사는 맞닿아 있다. 요즘 아침마다 감사로 하루를 시작한다. 이쁜 미소를 1분간 지속한다. 웃으면 복이 온다는 말처럼 하루의 시작에 싱그러움이 담긴다.

즐거운 생각으로 하루를 시작할 수 있다. 단순히 미소를 지은 것뿐인데 충분한 기쁨이 내면에 자리 잡고 얼굴 표정으로 드러난다. 덕분에 희망이 마음에 깊이 자리 잡는다. 사람의 삶은 얼굴에 담긴다. 매일 웃는 근육을 키울 수 있도록 얼굴에 미소를 드리우는 습관을 들여야 한다. 인상이 좋은 사람이 그냥 좋은 인상을 가지게 된 것이 아니다.

의식적으로 기쁜 생각을 해야 한다. 부정적인 생각을 하면 끝이 없다. 누구나 힘든 경험, 힘든 시간이 있다. 그 과정을 어떻게 보내느냐가 다를 뿐이다. 그래서 2024년을 변화의 해로 만들고 있다. 300권의 독서, 5포 챌린지, 6포 챌린지, 7포 챌린지를 완성하는 해로 잡았다. 7포 챌린지를 마무리했다. 도전을 하면서 성장함을 느낀다. 물론 쉽지 않다. 그래서 더 큰 가치가 있다.

출장으로 피곤한 날은 두 배로 쓰기도 했고, 너무 힘든 날은 피로에 지쳐 잠들기도 했다. 전날 다 못하면 다음 날

하면 된다. 중요한 건 계속해 나가는 것이다. 덕분에 의식적 기쁨을 내 삶으로 가져올 수 있었다. 의식적 기쁨을 유지한 덕분에 성취의 결과물을 볼 수 있었다.

올해 계획했던 5권 출간이 완성 되었다. 『위너모닝』은 5번째 책이다. 정말 감사한 일이다. 목표가 없었다면 이렇게 오기 힘들었을 것이다. 감사하게도 내 목표는 현재 진행형이다. 100권의 목표를 세웠기에 꾸준히 달릴 수 있다. 의식적 기쁨을 내 것으로 만들자. 그래서 매일이 기대되고 감사하고 행복할 수 있는 삶을 만들어가자.

4

설렘이 있는 새벽

새벽엔 설렘이 있다. 매일 새벽 5시에 기상하면 읽고 쓰는 시간을 가진다. 덕분에 행복이 아주 가까이 있음을 마음껏 느낄 수 있는 요즘이다. 좋은 책을 읽고 얻게 된 지적 성장을 마음껏 글로 풀어낸다. 매일 자기 계발을 위한 시간을 2시간씩 가지는 것은 큰 의미를 지닌다.

좋은 습관을 만들고 계속해서 유지해 나가야 하는 이유다. 글을 쓰면서 사고의 확장을 경험할 수 있다. 특히 최근에는 학문의 연계를 경험하고 있다. 철학, 심리학, 인문학, 세계사, 국사 등 다양한 학문적 관점에서 한 가지 사건을 바라볼 수 있는 눈을 가질 수 있게 되었다.

2,200권의 독서가 사고력을 키워준 것이다. 가용 시간이 있을 때마다 책을 보려 노력한다. 책을 통해 얻는 고찰들은 꼼꼼하게 기록해 두어야 하는 내용들이 많다. 최근에 다시 한번 『타이탄의 도구들』, 『그릿』, 『10배의 법칙』, 『이 책은 돈 버는 법에 관한 이야기』, 『생각하라 그리고 부자가 되어라』 등의 자기 계발서를 읽어보았다.

좋은 문장들과 기억해야 할 내용들이 정말 많았다. 1,000명의 팬을 만들라는 『타이탄의 도구들』의 추천, 끈기를 가지고 포기하지 말라는 『그릿』의 조언이 기억에 남는다. 탁월한 목표를 세우고 10배로 실행하라는 10배의 법칙의 명언도 생각난다. 2,000~5,000권의 책을 읽으면 부를 이룰 수 있다는 『이 책은 돈 버는 법에 관한 이야기』의 문장도 기억에 남는다.

부를 이루고 싶다면 이룰 수 있다고 말하는『생각하라 그리고 부자가 되어라』의 명언도 너무 와닿았다. 이처럼 아침 시간에는 독서로 생각을 가득 채울 필요가 있다. 읽으면 마음껏 쏟아낼 수 있는 힘이 생긴다. 좋은 글을 쓰려면 좋은 글을 많이 읽어야 한다.

5

감사한 아침 희망을 말하다

아침에 경험할 수 있는 향기가 있다. 싱그러움, 상쾌함, 유쾌한 생각 등 긍정의 결정체들이 그것이다. 매일 희망을 노래해야 한다. 그래야 삶에 파묻히지 않을 수 있다. 내 삶이 지극히 평범해 보이고 큰 가치가 없는 것같이 느껴질 때가 있다. 그렇지 않다. 모든 개인의 삶은 고유의 가치가 있다.

다만, 각자의 삶에 강도 높은 난관들이 있을 뿐이다. 사람은 생각보다 큰 힘을 가지고 있다. 그 힘을 자각한 사람과 그렇지 못한 사람으로 나뉜다. 자각하지 못한다고 해서 내면의 힘을 가지고 있지 않은 것이 아니다. 1%의 의식 세계만 갖고 삶을 살아가는 사람과 99%의 무의식을 깨우며 사는 사람의 삶은 다를 수밖에 없다.

그래서 아침에 무한의 영역에 가까운 무의식을 깨우려 노력한다. 스스로에게 희망의 언어를 던지고 하루를 희망차게 시작하고 있다. 덕분에 매일 아침 도전을 이어가면서 희망을 외친다. 덕분에 필자와 독자 모두 희망의 언어를 만날 수 있어서 감사하다.

힘든 경험을 한 사람은 그만큼 성숙하고 성장하게 된다. 그러니 지금 힘든 상황 중에 있다고 해서 희망을 놓치는 실수를 범하지 말자. 필자도 안다. 힘든 순간에 희망을 말하기가 얼마나 어려운 것인지를 말이다. 그러나 그 힘겨운 순간에 희망을 이야기해야 터널을 빠져나올 수 있다.

터널이 아닌 상태에서도 여전히 희망을 외쳐야 한다.

우리는 매일 아침 희망의 태양을 보며 살아가야 한다. 새로운 아침을 만나는 것 자체로 감격스러운 일이다. 삶에 있어 당연한 것은 아무것도 없다. 매일 삶을 이어가며 감사를 표현할 수 있다는 것 자체가 얼마나 큰 감사인지 자각할 필요가 있다. 희망의 글을 보며 하루 종일 기쁨과 행복으로 가득 찬 하루 되시길 기도한다.

6

새벽이 주는 환희

매일 새벽이 기다려진다. 밤에 자기 전 일어날 기대를 하면서 수면에 들어가니 삶의 행복도가 더 높아졌다. 매일 새벽 보고 싶은 책을 마음껏 읽는다. 『1일 1페이지, 지적 교양을 위한 철학 수업』을 보면 철학의 깊이에 들어갈 수 있다. 철학은 폭넓은 학문이다. 니체, 쇼펜하우어, 소크라테스 같은 철학자들의 생각을 엿보며 신세계를 배운다.

덕분에 깊이와 넓이의 개념에 대해 조금 더 들어가볼 수 있는 기회를 얻을 수 있다. 책을 읽으며 와닿는 구절이 있다. "실수는 대개 방심에서 온다. 중요한 건 실수 이후의 대처다. 실수를 반복하지 않도록 해야 한다."

『1일 1페이지, 지적 교양을 위한 철학 수업』

우리는 실수를 너무 부정적인 시각으로 보는 경향이 있다. 실수를 한 것이 중요한 것이 아니라 반복하지 않는 것이 중요한 것임을 자각해야 한다. 관점 디자인이 필요하다. 실수를 바라보는 시선을 바꿀 필요가 있다. 첫 번째 만나는 실수를 보고 여러 생각을 할 것이 아니다.

정작 중요한 것은 두 번째 만나는 실수다. 두 번째부터가 정말 문제다. 그러니 실수를 반복하지 않도록 주의를 기울여야 한다. 새벽 시간에 만나는 책 덕분에 교훈을 하나씩 얻을 수 있어서 감사하다. 하나씩 쌓이는 게 큰 가치를 만든다.

매일 아침 읽고 쓰는 것에 힘을 쏟아야 하는 이유다. 아침 시간에는 방해하는 사람이 없다. 집중과 몰입의 경험을 쌓아야 한다. 아침이 주는 조용함을 활용해 사유의 시간을 가진다. 사색을 통해 깊이를 탐구할 수 있다. 읽기와 쓰기를 통해 스스로를 성장 시켜 나간다. 그 과정은 늘 큰 설렘을 주고, 설렘은 기분 좋은 발전을 낳는다.

ㄱ

새벽반과 만나는 즐거운 시간

 매일 새벽 만나는 새벽반 멤버들이 있다. 주로 글을 쓰시는 작가분들이 많다. 글을 쓰게 되면서 필자도 새벽 기상이 자리를 잡았다. 글을 쓸 때 새벽이 가져다 주는 행복이 있다. 이른 아침 서로에게 즐거운 희망의 인사를 건넨다. "오늘 하루 행복하세요."라고 인사한다. 새벽반을 만난 후 X에서 새벽반 친구분들을 만난다.

 "반가워요. 오늘 하루 행복하세요." 이런 작은 인사말이 돌아온다. 덕분에 함께 행복한 하루를 시작하게 된다. 새벽이 주는 행복, 즐거움이 있다. 누구에게도 방해받지 않는 하루를, 희망찬 하루를 선물한다. 삶을 살아가는 방법에 정답은 없다. 다만, 어떻게 살아가야 할지에 대한 고민은 필요하다.

　나에게 맞는 올바른 방향성을 찾아 나갈 수 있기에 사색의 시간이 필요하다. 매일 새벽 일어나 동일하게 하는 루틴을 실천한다. 매일 읽기, 쓰기, 감사하기, 기도하기, 사색하기가 그것이다.

　새벽 루틴으로 새벽이 주는 즐거움과 행복을 느낄 수 있다. 매일 같은 행위를 반복하며 삶의 에너지를 얻는다. 하루를 온전히 힘차게 살아갈 힘을 새벽에 얻는다. 덕분에 마음의 상태를 평온하게 유지할 수 있다. 매일 가장 좋았던 일을 1분간 생각한다. 그렇게 즐거운 추억에 들어가면 행복은 내 것이 된다.

　딸이 유치원을 졸업하는 날을 생각했다. 귀엽고 사랑스

러운 무드가 나를 휘감는다. 때론 삶에 있어서 가장 감사했던 순간들을 잠깐 떠올려볼 필요가 있다. 사랑은 누구에게나 큰 기쁨과 감사, 행복을 선물해준다. 우리에겐 사랑이 필요하다.

8

아침형 인간

『아침형인간』이라는 책이 있다. 그 책을 읽을 때만 해도 '나는 야간형 인간으로 살 거야.'라는 마음이었다. 글을 읽고 쓰는 것에 주력하는 삶을 살면서 심야라는 시간을 내려놓았다. 보통 새벽 2시에 잠드는 일상을 살다가 2시간을 당겼다. 될 수 있으면 12시에 자려고 한다. 그리고 기상은 5~6시 사이에 하고 있다. 매일 눈을 뜨면 감사한 마음으로 하루를 시작한다. 1분간 미소를 지으면 온화한 감정들을 내 것으로 만들 수 있다. 완연한 새벽에 만나는 고요의 시간이 참 좋다.

이 시간에 감사를 노래하고 사랑을 생각한다. 40분간 루틴을 하고 1시간 20분간 글을 쓰는 시간을 이어간다. 감사한 것은 글쓰기를 계속해나가고 있다는 사실이다. 매일 해야 하는 일에 즐거움이 있어 감사하다. 아침형 인간이 되면 좋은 점이 많다. 그중 단연 으뜸인 것은 아침 사색을 만날 수 있다.

내면의 자아와 만나는 시간을 가질 수 있다. 그 시간을 통해 깊이를 더해갈 수 있다. 스스로의 내면이 어떤 모습을 하고 있는지를 보면서 살아갈 필요가 있다. 그래야 스스로가 어떤 상태에 있는지 알고 삶을 살아갈 수 있게 된다. 지피지기면 백전불태라는 말이 있다. 적을 알고 나를 알면 위태롭지 않다는 뜻이다.

나를 잘 알면 내가 어떤 삶을 살아야 할지, 어떻게 해야 성장할 수 있는지를 알 수 있다. 가능하다면 아침을 깨우는 사람이 되어보자. 아침이 주는 감사, 여유, 기쁨이 있다. 그 즐거움에 함께 참여해서 누구보다 행복한 사람이 되어보자. 그래서 그 행복과 사랑을 많은 곳에 전하는 사람이 되어보자.

아침이 주는 두 번째 선물

아침 시간이 주는 희망이 있다. 아침 시간에 사색에 잠겨 행복한 추억을 떠올린다. 그 추억 속으로 들어가 사랑을 노래하면 희망이 친구가 된다. 아침을 깨우는 것은 희망의 문을 여는 것이다. 새로운 에너지를 마음껏 받을 수 있는 통로가 아침 시간이다.

연초가 되면 각자의 소망을 품고 일출을 보러 가는 사람들이 많다. 아침 기상을 통해 매일 일출 때 기도하는 내용을 되뇔 수 있다. 그 행동을 통해 희망의 씨앗이 마음 한편에 자리 잡는다. 희망을 부르는 아침을 매일 만나야 하는 이유다. 아침 사색을 통해 희망을 온전히 내 것으로 만드는 시간을 가져보자.

새벽을 여는 실전 모닝 루틴

사색의 시간으로 벽을 문으로 만들어라

미소를 짓고 나면 사색의 시간을 가진다. 글을 읽고 쓰는 사람은 사색의 시간이 필요하다. 나의 내면을 들여다보는 시간을 가져야 깊이 있는 글을 쓸 수 있다. 그리고 나를 잘 알아야 가장 나다운 글을 쓸 수 있다.

사색은 어떤 것에 대하여 깊이 있게 생각하고 이치를 따지는 것이다. 아침에 주로 글쓰기를 위한 사색의 시간을 가진다. 필자가 가려고 하는 방향성에 대해 다짐을 하는 시간이기도 하다. 사람을 살리는 글, 도움이 되는 글, 따뜻한 글을 쓰고자 한다. 그런 글을 쓰려면 나의 내면도 따뜻해야 한다. 그 시간을 만들어가기 위해 아침 사색 시간을 통해 나의 마음을 돌보는 시간을 가진다.

사색의 시간에 나의 일상을 점검해본다. 하루의 시간을 어떻게 보내는지 살펴본다. 그리고 마음을 들여다본다. 마음 밭의 상태가 어떤지 점검한다. 좋은 기분을 유지하고 있는지 들여다본다. 이 시간을 통해 컨디션을 잘 유지하고 있는지를 체크할 수 있다. 기분이 좋지 않으면 좋은 글을 쓸 수 없다. 그래서 사색의 시간을 통해 좋은 기분을 유지한다. 글은 사람의 마음이 담기기에 좋은 생각을 하고 좋은 상태를 유지하는 것이 아주 중요하다.

매일 같은 행동을 반복하는 것에서 얻는 유익이 크다. 그래서 사색의 시간도 매일 동일한 시간에 가지려고 노력하고 있다. 여행, 출장 등 환경이 바뀐 날에도 동일하게 나만의 시간을 가진다. 좋은 행동은 반복해야 더 큰 유익을 얻게 된다.

3장

새벽 기상이
가져다준 선물

— — — — — — — — — — — —

WINNER MORNING

1

결과보다는 과정을 중시하자

감사로 하루를 시작한다. 1분 미소를 지으며 감사의 제목을 떠올려보니 미소로 하루를 시작할 수 있는 것 자체가 감사의 제목이다. 매일 감사를 떠올린다. 덕분에 하루가 감사로 가득 찬다. 아침 시간에 할 수 있는 최고의 미소를 지으며 글쓰기를 시작한다. 아침이 주는 싱그러움과 함께 미소가 절로 지어져서 기쁘다.

바쁜 일상 속에서 글로 기쁘게 시작하는 하루는 큰 희망이 있다. 즐거움, 기쁨, 감사, 행복 같은 듣기만 해도 반가운 단어들을 매일 세팅하는 삶이라 더 감사하다. 감사와 행복의 긍정적인 생각을 주는 언어들도 세팅이 필요하다. 매일 생각하고 찾아주어야 한다. 친한 친구를 대하듯 소중히 대하고 자주 만나야 한다.

그래야 다른 생각이 틈타지 못한다. 맹목적 긍정을 조심하면서 긍정의 방향을 바라보는 것은 정말 중요하다. 투자와 글쓰기를 하면서 늘 느낀다. 계속해서 하는 것과 인내가 중요하다는 것을 경험한다. 모두가 우상향한다는 사실을 알고 있지만 자산을 계속 가지고 견디는 것은 어렵다.

글쓰기도 계속 할수록 좋아진다는 것을 알고 있지만 하지 않는다. 이제는 조금 달라져보자. 10년 후가 기대되는 자산을 유지하듯이, 글쓰기도 10년 동안 매일 하기로 마음먹어보자.

무슨 일이든 진심을 담아서 10년을 하면 전문가가 될

수 있다. 전문가가 된 이후에는 생각하지 못한 기회들이 열린다. 유튜브를 열심히 해오면서 많은 기회들이 열렸다. 내가 생각하지 못한 곳에서 나를 찾고 나에게 기회가 주어졌다.

그냥 매일 열심히 나의 길을 걸어왔다. 핵심은 매일 열심히 꾸준히 자신의 길을 걸어가는 것이다. 그 과정 속에 늘 감사가 있다. 결과보다 과정을 보자. 결과를 바라보면 힘들고 지쳐서 아무것도 할 수 없다. 중요한 것은 내가 오늘 하루를 최선을 다해서 열심히 살아내고 있다는 사실임을 명심하자.

2

변화의 시작을 위해
SNS 활동을 하자

바야흐로 SNS 전성시대다. SNS 팔로워가 곧 영향력이 되는 시대를 살아가는 걸 체감하고 있는 요즘이다. 유튜브, 블로그, X, 스레드, 인스타를 동시에 운영할 수 있음에 감사하다. 체력적 한계, 시간적 제약 등 다양한 핑계로 X와 스레드를 인스타의 시작을 미루다 2024년 초에 시작했다. 감사한 것은 모든 플랫폼마다 특징이 있고 그 속에 기존에 알고 지내던 분들이 계셨다는 것이다.

각자의 스타일에 맞게 플랫폼을 하면서 함께 성장을 도

모할 수 있다는 점이 감사하다. 매일 아침 눈을 뜨면 서로를 응원하면서 하루를 시작한다. 특히 X에서 자주 인사를 한다. 짧은 글을 쓰기에 최적화된 플랫폼이다 보니 많은 분들과 살가운 인사를 하게 된다. 인사로 시작한 아침은 늘 기쁨이 가득 찬다.

글을 쓰는 사람들은 통하는 부분이 있다. 대체로 아침을 일찍 맞이한다. 새벽반 멤버들과 인사를 하다 보면 어느덧 아침이 시작된다. 아침의 향기, 아침의 소리, 싱그러운 기분까지 더해져 행복으로 하루를 시작할 수 있다. 전날의 여러 가지 불편한 감정들은 뒤로 보내버리고 새롭게 하루를 맞이하는 기쁨을 만날 수 있다.

그래서 시간이 날 때마다 열심히 SNS를 하고 있다. 하면서 공통적으로 느끼는 것은 어느 플랫폼이든 열심히 해야 한다는 것이다. 한두 번 한다고 해서 성과가 나지 않는다. 만약 당신이 '나는 왜 성장이 더디지?'라는 의문이 생긴다면 그건 아직 성장할 만큼 시간을 쓰고 실천적 노력을 하지 못했다고 생각하면 된다.

앞서간 사람이 절대적으로 잘나서 인플루언서가 된 것만은 아니다. 그들의 재능도 있지만 분명 노력이 더 크게 작용한다는 걸 체감하고 있다. 누구나 인플루언서가 될 수 있다. 그러나, 아무나 될 수는 없다. 그래서 매일 꾸준히 성실하게 글을 써야 한다.

성장을 위해 매일 시간을 쌓아가야 한다. 많은 SNS를 운영하기까지 오랜 시간이 걸렸다. 나 같은 경우는 이 조합을 완성하는 데 총 6년의 시간이 걸렸다. 조금 느려도 괜찮다. 하다 보면 할 수 있게 된다. 그래서 희망이 있다.

3

매일 아침 루틴이 가져온 변화

좋은 습관이 자리를 잡는다는 사실이 큰 감사의 제목이다. 매일 좋은 글을 읽고 있다. 요즘은 인문학 책을 여러 권 쓰신 김종원 작가의 책을 여러 권 읽고 있다. 좋은 부모가 되려면 어떤 마음가짐을 갖고 양육해야 하는지에 대해 잘 저술되어 있다.

따뜻한 호흡을 가지고 읽을 수 있어서 참 좋다. 모두가 자녀를 키우는 데 어려움을 겪을 수 있다. 미숙하기 때문이다. 그래도 아이에게 좋은 부모가 되려는 마음을 놓지 않고 계속 열심을 다한다면 충분히 좋은 부모가 될 수 있다.

매일 아침 읽기라는 좋은 루틴을 통해 새로운 지성을 만나면 쓰기라는 좋은 도구를 통해 기록한다. 그리고 내 것으로 만드는 시간을 가진다. 매일 읽고 매일 쓰는 삶이 참 좋다. 덕분에 내가 추구하는 9가지의 삶을 살아갈 수 있게 되었다.

1. 좋은 생각을 한다.
2. 좋은 글을 쓴다.
3. 내적 성장을 추구한다.
4. 타인의 성장을 기뻐한다.
5. 매일매일 행복을 쌓아간다.
6. 생산적인 삶을 산다.
7. 언행일치의 삶을 산다.
8. 글쓰기를 실천하는 삶을 산다.
9. 공감하면서 산다.
그렇게 매일을 살아가려 한다.

여러분의 삶의 지향점은 어디를 향하고 있는가? 내가 경험하고 있는 삶에서의 가장 큰 기쁨은 타인의 성공을 보고 느끼는 것이었다. 매일 아침 2시간의 새벽 시간을 통해 나의 성공과 타인의 성공을 함께 들여다볼 수 있어서 감사하다.

글을 쓰고 댓글로 소통하고 서로의 생각을 주고받는 나의 삶에 감사와 행복이 있다. 여러분의 삶에도 자신의 속도에 맞는 새벽이 찾아왔으면 좋겠다. 그 삶 속에 희망과 기쁨 그리고 행복이 가득 했으면 좋겠다.

4

매일 새벽이 기다려지는 삶

지난 몇 개월 동안 내 삶에 큰 변화가 찾아왔다. 바로 매일 새벽이 기다려지는 삶이 된 것이다. 저녁에 자기 전에 설렘이 찾아온다. 새벽에 만날 읽기와 쓰기 시간 덕분이다. 매일 읽고 매일 쓰는 삶이 생활화되었다. 전업 작가의 길을 걸으면서 스스로에게 약속한 것이 있다. 매일 일정 시간 이상을 읽기와 쓰기에 쓰겠다는 나와의 약속이다.

비가 오나 바람이 부나 태풍이 오나 여행을 가나 일을 해서 피곤하나 똑같이 그 시간만큼은 지킨다. 덕분에 글이 쌓이고 생각이 쌓이는 걸 경험하고 있다. 그래서 내 삶은 변화하고 있다. 새벽 시간의 책 읽기는 몰입할 수 있어서 좋다. 아무런 방해도 없기에 깊이 사색하며 글을 읽을 수 있다. 김종원 작가의 책을 여러 권 읽고 있다.

66일 시리즈와 『인문학적 성장을 위한 8개의 질문』을 읽었다. 필자와 비슷한 생각을 하는 작가의 책이라 더 가깝게 느껴진다. 이미 수십 권의 책을 쓴 김종원 작가라 더 끌리는 것도 있다. 필자가 걸어갈 수십 권의 길 앞에 서 있는 분이니까 더 그렇게 느껴지는 것 같다.

올해 『위너모닝』으로 다섯 번째 걸음을 완성할 수 있게 되었다. 출간에는 속도 조절이 있어야 한다. 그래서 너무 100m 달리기 하듯이 하지 않고 내 속도에 맞춰서 글을 쓰고 있다. 누군가에게는 빠르게, 누군가에게는 느리게 보일 수 있겠다. 타인의 시선은 중요하지 않다.

스스로와 약속을 하고 그 약속을 잘 지켜나가는 것이 중요 하다. 타인의 시선이 아니라 스스로에 대한 관심이 중요하다. 날 응원해주고 앞으로 잘 나아갈 수 있도록 지지해주는 사람들이 필요하다. 날 비방하고 비난하는 타인의 시선은 정중히 거절한다. 단단해져야 한다. 모두가 나와 맞을 수 없다. 그래서 매일 더 좋은 사람이 되기 위한 노력을 더해간다.

연약한 모습이 있고, 부족함이 있을 수 있다. 모든 사람에게는 장단점이 있다. 더 나아지는 방향으로 살아가는 삶에 방점을 두자. 모든 사람이 완벽할 수 없다. 그러니 너무 스스로를 힘들게 하지 말자. 먼저 나를 존중해주어야 한다. 매일 저녁과 아침 스스로를 칭찬한다.

"알파야 오늘도 수고했어.", "알파야 오늘도 좋은 아침이야.", "알파야 오늘도 읽기 쓰기를 완성했네.", "알파야 오늘도 파이팅!" 스스로에게 이런 따뜻한 응원과 격려의 말을 전하는 것이 큰 도움이 된다. 못 믿겠다면 한번 해보면 된다. 큰 도움이 된다.

5

아침을 여는 글쓰기

　매일 아침 읽기와 쓰기로 하루를 시작 한다. 아침에 하는 글쓰기는 특별하다. 희망과 기대를 품고 있다. 매일 아침은 새로운 에너지를 만나게 되는 시간이다. 그래서 늘 아침을 감사로 시작한다. 그리고 지을 수 있는 가장 온화한 미소를 짓는다. 웃는 것도 연습이 필요하다. 잘 웃는 사람에게 복이 더 가까이 다가온다.

　하지 않을 이유가 없다. 가장 즐겁고 행복했던 추억들을 떠올린다. 결혼식을 할 때 나의 얼굴을 잠시 추억해보 있다. 행복해 보인다. 뭐가 그렇게 좋은지 싱글벙글이다. 아내와의 결혼 생활에 부푼 기대와 행복이 스며들어 있다. 여전히 아내와 행복한 가정을 꾸리며 사는 나는 행복한 사람이다.

그때의 표정을 생각한 덕분에 행복한 사람이 된다. 이처럼 좋은 추억을 떠올려보는 것은 개인의 삶에 큰 에너지를 가져다준다. 그러니 웃음으로 하루를 시작하자. 그리고 『국부론』을 펼쳤다. 다소 어려운 내용이지만 와닿는 문장들이 있어서 감사하다.

다소 어려운 내용이지만 얻는 인사이트가 있다. 『국부론』을 읽은 후 자리에 앉았다. 변함없이 글쓰기를 시작한다. 아침에는 의도적으로 더 희망에 대한 이야기를 하려 한다. 힘든 상황에 있는 누군가가 위로를 받길 바라는 마음으로 글을 쓴다.

글에는 놀라운 힘이 있다. 글을 읽는 사람이 글쓴이의

의도를 읽을 수 있다. 희망을 적으면 희망을 읽고, 기쁨의 감정을 적으면 기쁨을 읽게 된다. 그래서 작가로서의 책임감을 가지고 따뜻한 글, 좋은 글, 희망의 글을 쓰려 한다. 이 글을 읽는 독자분들이 매일 만나는 아침을 행복하게 시작하길 바라본다.

6

기도로 시작하는 새벽

　매일 새벽 눈을 뜨면 기도로 하루를 시작한다. 아침 읽기와 쓰기 그리고 새벽에 드리는 기도로 하루를 시작한다. 감사의 마음으로 하루를 시작한다. 이런 삶을 살기 시작한 지 1년여가 지났다. 시간은 많은 걸 바꿔준다. 하루의 아침을 희망으로 시작하는 기쁨이 있다.

　100일, 200일, 300일 시간이 지날 때마다 얻게 되는 기쁨의 크기가 더 커진다. 그래서 반복해서 좋은 행동을 이어 나가는 것이 중요하다. 아침에 일어나서 허겁지겁 시간에 쫓겨 시작하는 하루와 완전히 다르다. 새벽 기상을 통해 마음을 다스리고 충전된 상태에서 하루를 시작할 수 있다.

필자도 미라클모닝이 좋다는 것을 잘 알지만 쉽게 실천하지 못했다. 여러 가지 이유가 있겠지만 정말 얼마나 좋은지를 제대로 체감하지 못해서가 가장 큰 이유다. 100일 정도 해보니 완전히 체감이 되었다. 아침에 일어나서 좋은 이유가 정리가 되었다.

   1. 사색의 시간 확보
   2. 매일 읽기 시간 확보
   3. 매일 쓰기 시간 확보
   4. 매일 기도 시간 확보
   5. 매일 감사로 시작

이렇게 5가지를 할 수 있다는 걸 느낀다.
매일 아침 사색을 통해 생각의 깊이와 넓이를 키울 수 있다.

매일 읽기 시간을 확보해서 지성을 넓히는 시간을 키울 수 있다. 매일 쓰기 시간을 통해 넓힌 지성을 내 것으로 만들 수 있다. 매일 기도 시간을 통해 겸허함과 겸손 그리고 배움의 자세를 점검할 수 있다. 매일 감사 시간을 통해 감사로 인한 풍요로움을 경험할 수 있다. 매일 새벽 계속해서 이어가는 루틴은 삶에 큰 풍요함을 가져다준다. 어떤 생각을 하고 살아가는지에 따라 그 사람의 운명이 결정된다.

매일 새벽을 통해 풍요로운 삶을 이어나갈 필요가 있다.

ㄱ

새벽이 주는 선물

새벽 기상은 나의 일상이 되었다. 매일 만나는 새벽 그 여명이 참 좋다. 읽고 쓰는 시간을 가질 수 있어서 행복하다. 글을 써 나가는 양이 늘어날수록 조금씩 깊어져 감을 느낀다. 결국 노력이 결실을 만들어준다. 변함없이 읽고 쓴다. 그리고 감사한다. 이 글을 읽는 당신에게도 축복이 가득하길 바라본다.

사람은 큰 잠재력을 가지고 있다. 그 무한함을 유한함의 영역으로 가져오는 사람과 그렇지 못한 사람으로 나뉠

뿐이다. 변함없이 동일한 루틴을 이어갈 수 있음에 감사한다. 삶에 다가온 감사의 제목들을 흘려보내지 않고 내 것으로 만들 수 있음에 감사한다.

대단한 것보다 사소한 것이 더 큰 감사의 제목임을 잊지 말아야 한다. 내 주변에 늘 당연하게 있을 것이라 생각했던 소중한 사람들, 내가 기진 것들 모두 당연한 것이 하나도 없다. 그러니 매일 감사함을 표현하고 살아가야 한다. 주변 사람이 갑자기 세상을 떠날 수도 있다. 내가 가진 것이 내 소유임을 주장하지 못할 수도 있다.

나에게 주어진 감사의 제목들을 잊지 말고 표현하면서 살아가자. 지난 시간에 후회가 없도록 열심히 시간을 쓰자. 그 행동 한 번이 쌓여서 달라진 나를 만들어준다. 새벽의 희망에 하루의 기분을 걸어보자. 기분 좋은 변화를 경험하고 하루를 시작하자.

희망을 어깨에 태우고 사랑을 손에 들고 하루를 시작하

는 것이다. 만나는 사람에게 한 움큼씩 떼어주자. 신기하게 떼어줄수록 더 생겨나는 게 희망과 사랑이다. 모두가 힘든 상황을 만나고 해결하며 살아간다. 그러니 너무 힘들어하지 말자. 괜찮다. 결국 지나간다. 그러니 오늘은 오늘의 희망을 노래하며 살아가자. 새벽이 주는 선물을 감사하게 받고 살아가자.

아침이 주는 세 번째 선물

매일 아침을 깨우는 시간을 1년 동안 지속하면서 삶에 유의미한 변화를 경험할 수 있었다. 생산적인 하루의 시작을 경험하게 되는 아침이 기다려진다. 내일을 시작할 희망으로 잠드는 것은 새로운 행복이다. 매일 아침 벅찬 감동을 갖고 다가오는 변화의 물결을 생동감 있게 느낄 수 있다.

"시작이 반이다."라는 말이 있다. 시작하기가 그만큼 어렵기에 나온 말이다. 당신의 아침도 변화를 경험할 수 있도록 해보자. 『위너모닝』으로 실천하는 삶을 통해 삶 속에 기적을 경험할 수 있다. 매일 아침 기도를 통해 변화의 마음이 나를 찾아오는 시간을 가져보자.

새벽을 여는 실전 모닝 루틴

새벽 기도에 힘이 있다

사색의 시간을 가진 후에는 새벽 기도 시간을 가진다. 나의 기도 시간에는 다양한 주제에 대한 기도를 한다. 나의 사업체, 가족, 지인을 위한 기도, 글 쓰는 작가로서의 사명 등의 내용으로 기도의 시간을 가진다.

아침 가장 맑은 시간에 기도의 시간을 가진다. 기도를 하면 겸허함을 경험할 수 있다. 나의 필요를 위한 기도부터 가족을 위한 기도, 타인을 향한 기도까지 마무리하고 나면 감사함이 찾아온다.

건강하게 살아 있음에 감사한다. 매일 동일하게 기도 시간을 가질 수 있음에 감사한다. 새벽에는 고요함이 있다. 조용한 시간에는 방해받지 않는 진중함을 느낄 수 있다. 덕분에 기도의 내용도 깊이를 더할 수 있다.

특별히 요즘은 작가로서의 사명에 대해 더 깊이 기도하는 시간을 가진다. '좋다.'라고 감탄사를 말할 수 있는 글을 쓰고 싶다. 그래서 많은 독자들에게 감동을 전해드리고 싶다. 멋있는 글이 아닌 울림이 있는 글을 쓰고 싶다.

그런 삶을 살아가게 해달라고 기도 드린다. 삶이 글에 묻어난다. 그래서 선하게 살아가려 노력하는 요즘이다. 부족한 점이 많은 사람이지만 글을 쓰면서 조금씩 더 나은 삶을 살 수 있음에 감사한다. 그렇게 이른 새벽 나의 글이 희망이 되어 누군가에게 전해지길 간절히 기도한다.

기도에는 힘이 있다. 덕분에 나의 글에 위로를 얻었다는 사람들을 여러 경로를 통해 알게 되었다. 그래서 이른 아침 기도에 힘을 쓰면서 좋은 글을 쓸 수 있는 마음과 솜씨를 부어 주시기를 기도한다.

WINNER MORNING

4장

새벽 기상이 주는
따뜻한 마음

WINNER MORNING

1

역경을 통해 단단해지자

에드워드 영은 "우리들 위안의 대부분은 고난 속에 있다."라는 명언을 남겼다. 가끔은 살아가면서 '이럴 수 있나?' 싶은 부당한 일을 만나 불편한 경험을 하게 된다. '그래도 괜찮아.'라고 내게 말해주는 것 같아 위로가 된다. 아울러 독자분들에게도 말씀드리고 싶다. "괜찮아요."라고 말이다.

고난은 지나갈 때마다 고통의 상흔을 남기지만 지나보면 꼭 필요한 것이었음을 깨닫는다. 그리고 고난 덕분에 때론 위로를 얻기도 한다. 깊이 생각해보지 못한 것들에서 더 큰 감사함을 느낄 수 있다. 일상에서 당연하다고 생각했던 것들이 당연한 것이 아닐 수 있음을 고난을 통해 경험한다.

'이쯤 만났으면 어려운 고객은 그만 만났으면 좋겠다.'라는 생각이 들 때가 있다. 너무 힘든 사람을 만나면 마음이 지친다. 그래서 그럴 때면 힘들게 찍어 누르는 압박감과 싸워야 한다. 이때 압박감과 싸워 이기는 사람과 지는 사람으로 나뉜다. 나는 변함없이 앞으로 나아갈 것이다. 힘들게 하는 사람에게 잠시 마음이 흔들릴 수는 있으나 변함없이 나의 길을 걸어갈 것이다.

고난을 통해 또 한 번 단단해진다. 세상에는 내 마음과 같지 않은 사람들이 있다. 그럼에도 불구하고 우리가 희망을 품고 살아갈 수 있는 것은 나를 지지하고 응원해주는 사람이 더 많다는 사실 때문이다.

누구나 힘든 경험을 가슴에 품고 살아간다. 그 고통속에 머물지 말자. 조금만 힘들어하고 훌훌 털어내고 일어나버리자. 필자도 최근 마음 상하는 일을 겪었지만 이제 털어내 버리고 새로운 일들에 집중하고 있다.

지나고 보면 또 '그럴 수 있지.' 하고 넘겨버리는 자세가 필요하다. 필자는 그래서 힘든 일을 만나면 몇 시간만 힘들어하기 또는 하루만 힘들어하기 스킬을 시전한다. 힘든 일을 괜찮다고 한다면 아무것도 아닌 게 되는 건 아니다. 그래서 힘들 땐 힘든 걸 마음껏 생각한다. 그리고 더 생각할 필요가 없을 만큼 생각한 다음 '이제 안녕!'이라며 보내준다.

다음 날은 그 생각을 하지 않으려 노력한다. 그러다 보면 새로운 사람, 새로운 일을 만나게 된다. 그렇게 힘든 것들을 정리하면 된다. 그 과정 속에 조금 더 단단해지고 성숙할 수 있다. 다시 겸손함과 배움의 시간을 가질 수 있다. 역경을 잘 이겨낼 수 있음에 감사한다. 삶 속에 우리를 흔드는 사람은 언제든 나타날 수 있다. 그럴 때마다 흔들려라. 마음껏 흔들려도 괜찮다. 대신 뿌리는 잘 자리를 잡고 있도록 하자.

줄기가 조금 흔들려도 나무가 다치지 않는다. 그 흔들림 때문에 더 나무가 단단하게 자리를 잡게 된다. 뿌리가 건강한 사람이 되자. 심지를 굳건히 하고 외부의 불편한 일들이 날 흔들어도 변하지 않는 멋있는 사람이 되자.

2

SNS를 통해
콘텐츠를 생산해낼 수 있다

SNS를 통해 좋은 콘텐츠를 생산할 수 있음에 감사하다. 좋은 글에 대한 고민을 한다. 늘 좋은 생각을 의식적으로 하고 있다. 덕분에 이웃분들이 "좋은 글 감사해요."라는 글을 남겨주신다. 이 댓글 한마디에 참 큰 힘을 얻는다. 얼마 전 X에서 알고리즘의 선택을 받아 큰 폭의 노출이 있었다.

정답은 다섯 가지에 있다.

1. 계속하는 것
2. 매일 하는 것
3. 꾸준히 하는 것
4. 하기 싫어도 하는 것
5. 될 때까지 하는 것

이 5가지를 쓴 내용이었다. 100일간 5포 챌린지를 하면서 느낀 것을 정리한 것이었다. 많은 분들의 공감을 얻을 수 있어서 감사했다. 이 트윗이 이렇게 많은 노출을 기록할 것이라고는 전혀 예상하지 못했다.

누군가에게 도움이 되면 좋겠다는 마음으로 작성한 것인데 폭발적인 노출이 이루어진 것이다. 어쩌면 성실함이 실력이 되는 것은 당연한 것이라는 생각이 든다. 성실하게 콘텐츠를 생산하는 습관을 쌓아가다 보면 좋은 결실을 맺는 경험을 하게 된다. 매일 글쓰기를 실천해서 종이책을 출간하는 것도 그중 하나다.

책을 통해 좋은 생각을 보다 효율적으로 전달할 수 있다. 덕분에 SNS를 하는 이들이라면 누구나 작가를 꿈꿀 수 있다. 그리고 작가를 꿈꿨으면 좋겠다. 책은 사람을 성장하게 하고, 세상을 이롭게 하는 역할을 한다. 최근 블로그, X, 스레드를 주력으로 SNS 활동을 하고 있다. 열심인 만큼 성장하는 걸 느끼고 경험하게 된다.

팔로워 중 한 분이 이런 질문을 했다. "글을 쓰는 시간 이외에는 어떤 인풋을 하고 있나요?" 그 질문에 대한 답은 이랬다. "좋은 글을 쓰기 위해 하루 종일 좋은 생각을 하는 인풋을 하는 것 같아요."라고 말이다. 좋은 콘텐츠를 만드는 가장 좋은 방법은 좋은 생각을 하는 것이다. 그렇다고 본업에 지장이 가도록 하지는 않는다. 본업(인테리어 디자이너)을 하는 시간에는 그 일에 집중한다.

가령 미팅을 한다면 이동 시간, 미팅 전후 시간은 남는 시간이 된다. 이때 좋은 생각을 중점적으로 한다. 미팅 시간에는 업무 내용에 집중한다. 이렇게 시간을 효율적으로 사용하면 각 잡고 한 것보다 더 좋은 효과를 낼 수 있다.

무엇이든 힘을 줘서 일을 진행하면 생각보다 잘 되지 않는 경우가 많다. SNS 콘텐츠 생산도 최대한 힘을 빼고 진행하려고 노력하고 있다. 그래야 더 재밌고 즐겁게 할 수 있기 때문이다. 그렇게 하려면 욕심을 버려야 한다. 욕심을 조금 내려놓고 매일 하는 것, 매일 해야 하는 것으로 세팅한다.

그럼 해야 할 분량만큼 해야 하루를 마감할 수 있다. 5포 챌린지 때부터 사용하는 방법인데 효과가 꽤 좋다. 매일 해야 하는 일을 조금은 버겁게 세팅해버리는 것이다. 뇌가 처음에는 힘들어하는데 시간이 지나면 적응을 한다. 그럼 한 번 더 목표치를 올리는 식으로 성장 플랜을 세우면 된다. 기억할 것은 Plan Do Action이라는 것이다. 계획을 세우면 반드시 실천해야 한다. 여러분의 삶에도 계획과 실천이 공존해 성장하는 삶으로 희망의 불씨를 키워나가길 바란다.

3

다작을 이어가자

    다작을 이어갈 수 있음에 감사한다. 다작을 이어온 지 1,000여 일이 지났다. 이제 조금씩 자리를 잡아간다. 계속해서 좋은 글을 쓰기 위한 노력을 이어갈 수 있어서 감사하다. 좋은 글을 쓰는 가장 좋은 방법은 다작을 이어가는 것이다. 그래서 다소 힘겹지만 매일 다작을 쓸 수 있는 최대치로 해서 이어가고 있다. 완성한 글의 양을 늘려갈수록 글맛도 조금씩 나아지는 걸 느낀다.

    가끔 정체기를 경험하게 될 때가 있다. 그래도 괜찮다.

계속하면 된다. 필자도 정체기를 경험했다. 글의 내용이 거기서 거기 같고, 감동을 주고 있는지 의문이 생길 때가 있다. 설사 그렇다 하더라도 본인의 호흡대로 글을 계속 써야 한다. 그 시간을 묵묵히 견디다 보면 실력이 성장한 나를 만날 수 있게 된다.

매일 쓰다 보니 글을 쓰는 것에 대한 부담도 상당히 감소했다. 7편을 매일 해야 하는 것으로 세팅하고 나니 의외로 '할 수 있을까?'의 영역일 때보다 훨씬 수월했다. 결국은 생각을 디자인하는 시도가 늘어나야 함을 느낀다. 끊임없이 된다를 외쳐야 한다. 그리고 그냥 하는 것이다. 여러 편의 글로 만나는 독자분들과의 소통이 참 즐겁다.

댓글로, 메일로 각자의 생각을 전해주신다. 서로의 생각을 들여다보면서 또 성장한다. 처음부터 작가인 분은 없다. 글을 읽다 보면 '아, 이분의 책이 나오면 꼭 읽고 싶다.'는 생각이 드는 분들도 만난다.

실제로 댓글을 그렇게 달아드렸다. 독자의 마음으로 책을 기다린다고 말이다. 의외로 자신의 능력을 과소평가하는 분들도 꽤 있다. 전업 작가로 살아가면서 또 다른 좋은 전업 작가분들과 함께하고 싶은 마음이 있다.

따뜻한 마음이 한 사람을 살리고 나아가 세상을 변화시킬 것이라 믿는다. 이 글을 읽는 여러분이 그런 작가가 되었으면 좋겠다. 어떻게 그게 가능하냐고? 그렇다. 하면 된다. 다작을 시작하자. 많이 쓰면 된다. 쓰다 보면 작가가 될 수밖에 없는 시점이 온다. 그때까지는 힘차게 앞으로 나아가자. 그냥 쓰고, 매일 쓰고, 계속 쓰자.

4

꾸준함이 실력을 만든다

꾸준할 수 있음에 감사한다. 무언가를 계속해나가는 것에 큰 힘이 있다. 5포 챌린지로 100일 완성을 경험해보고 6포 챌린지를 진행했고, 완성했다. 결국 7포 챌린지를 완성할 수 있었다. 7포 챌린지, 100일 명언 올리기, 100일 글모닝 올리기 등 나만의 챌린지를 여러 개로 늘렸다. 덕분에 원하는 성과를 얻고 성장을 경험하고 있다.

열매를 맺게 하려면 노력의 시간을 보내야 한다. 그래서 매일 글모닝을 통해 감사 글을 한 편씩 쌓아가고 있다.

아침 감사는 특별하다. 하루를 감사의 기운으로 채우게 하기 때문이다. 좋은 생각의 중요성은 강조 또 강조해도 지나치지 않다. 아침에 하는 좋은 생각은 특히나 더 힘이 실린다. 하루의 기운과 기분을 좌우하기 때문이다.

긍정으로 시작한 하루가 더 즐거울 수밖에 없는 것 아니겠는가? 그래서 매일 아침 감사를 외친다. 어떤 생각이든 감사한 생각과 연결시켜 한 편의 글을 쓴다. 이런 노력 덕분에 감사하는 습관이 생긴다. 좋은 습관은 계속 유지하면 할수록 큰 힘이 된다. 덕분에 마음에 올라오는 생각을 기분 좋은 생각으로 변화시킬 수 있었다.

이런 작은 마음의 변화를 삶에 적용하면 삶에도 생기가 생긴다. 덕분에 매일 감사하는 루틴이 만들어졌다. 습관을 지속하면 루틴이 된다. 그 루틴은 우리 삶에 활력소를 넣어주는 역할을 한다. 덕분에 요즘 늘 감사와 기쁨이 있다. 삶 속에 희망과 기쁨이라는 즐거운 단어가 함께하는 것은 큰 행복이다. 여러분은 어떤가? 매일 꾸준히 할 수 있는 기분 좋은 일을 하나 만들어보자. 반복하는 것만으로 삶에 행복을 쌓을 수 있다는 사실을 경험하게 될 것이다.

5

정답을 찾기 위한 노력을 이어가자

정답 찾기 노력을 이어갈 수 있음에 감사한다. 매일 정답을 찾는 노력을 쌓아가고 있다. 매일 아침 일어나 감사의 제목을 찾아 한 편의 글을 남긴다. 계속해서 블로그에 글을 쓰고, 다음 책을 위한 집필을 이어가고 있다. X와 스레드에도 열심이다. 덕분에 매일 실천을 쌓아가고 있다.

여러 사람들을 온라인 공간에서 만나면서 다양한 생각에 접근할 수 있어서 감사하다. 8월에 출간된 『위너러브』를 쓸 수 있어서 감사했다. 생각보다 가정이 깨지고, 일그러진 사람들이 많았다. 그래서 사랑의 마음을 담은 책을 출간했다. 연예부터 결혼까지, 결혼 후에는 어떻게 살아가야 하는지에 대한 나의 경험을 담아 결혼 생활에 어려움을 느끼는 분들에게 도움을 드리고 싶었다.

종종 적고 있는 부부 이야기를 보신 분들은 아시겠지만 필자는 행복한 결혼 생활을 이어가고 있다. 그 중심에는 서로를 위한 마음이 있다. 그래서 그 마음을 어떻게 표현하고, 어떤 방식으로 키워가야 하는지에 대한 내용을 담았다. 모두가 연예를 시작해 결혼까지 골인했을 때에는 절절한 러브스토리가 있었을 것이다.

시간이 지나면서 '왜 두 사람의 사랑이 약해져버린 걸까?'를 생각해보면 마음이 아플 때가 많다. 조금은 마음의 여유를 가지고 서로의 마음을 들여다볼 시간을 가져야 한다. 함께 걸어가는 부부에게 필요한 건 서로를 향한 마음과 대화다. 서로의 생각을 알아갈 수 있는 시간을 늘려가야 한다. 그래서 주말에는 아내와 대화의 시간을 보내고 있다.

서로의 생각을 들여다보고 관심을 가지는 것은 아주 중요한 일이다. 자녀를 챙긴다고 부부 관계를 뒤로해서는 안 된다. 이건 마치 내일의 행복을 위해 오늘의 행복을 미루는 것과 같은 행동이 되기 때문이다.

모든 부부가 행복할 권리가 있다. 그래서 모든 부부의 행복을 찾는 데 도움을 줄 수 있는 책을 쓴 것이다. 조금씩 정답을 찾는 노력을 해나갈 수 있음에 감사한다. 여러분의 삶에도 매일 정답 찾기를 위한 노력이 있는 시간들이 있기를 바라본다.

6

멘토의 중요성

필자에게는 삶의 방향성을 물어보는 몇 분의 멘토가 있다. 나보다 먼저 삶을 살아오신 분들의 지혜는 내게 큰 도움이 된다. 삶을 살아가다 보면 의문부호를 만나는 순간이 있다. 그럴 때 인생의 선배에게 궁금한 것들을 털어놓을 수 있다는 것만으로도 큰 위안과 위로가 된다. 때론 스스로에게 묻는 질문에 대한 답만으로는 부족함을 느낄 때가 있다.

그런 순간을 만날 때 멘토를 찾아간다. 멘토에게 좋은

답을 들을 때도 있지만 그렇지 못할 때도 있다. 그럴 때는 고민의 방향성을 제시해주신다. A안, B안, C안을 잘 들여다보고 스스로 답을 찾기도 한다. 어떨 때는 아무런 답이 나오지 않고 속이 명쾌해지는 경우가 있다. 단지 내 고민을 말하고 싶은 상대가 필요할 때였음을 깨닫는다.

때론 의문부호를 갖고 있음을 누군가에게 고백하는 것만으로도 큰 위로가 된다. 그래서 우리에겐 멘토가 필요하다. 좋은 선배, 좋은 선생님을 만들자. 그 대상의 직업이 꼭 선생님, 교수일 필요는 없다. 한 분야의 전문가라면 자격은 충분하다고 생각한다. 그리고 삶의 지혜를 알려줄 수 있는 사람이라면 된다.

내게도 그런 멘토가 몇 분 있어서 얼마나 감사한지 모른다. 의문부호를 들고 가면 마침표와 느낌표로 답을 해주시는 분들이 있어서 참 감사하다. 그리고 나도 누군가의 의문부호를 느낌표와 마침표로 바꿔줄 수 있는 사람이 되길 소망한다.

ㄱ

시간은 소중하다

　시간을 소중히 여길 수 있음에 감사한다. 요즘 필자에게 시간이 더 소중해졌다. 해야 할 일들이 늘어나면서 시간의 중요성을 느낀다. 인테리어 디자이너인 본업과 함께 글쓰기도 나의 본업이 되었다. 매일 아침 글쓰기를 반복하며 하루를 시작하고, 매일 저녁 글쓰기로 하루를 마무리한다.

　글쓰기와 함께하는 삶은 내면이 깊어지는 기쁨이 있다. 모든 사람은 내적 성장과 함께 외적 성장을 추구한다. 외적 성장은 눈에 보이는 성장이기에 시간이 더 필요하다. 내적 성장이 더 빠르게 진행되는데 이걸 제일 빨리 볼 수 있는 방법이 글쓰기다. 글은 내면의 생각을 외부로 끌어내는 작업이다. 그래서 매일 글쓰기에 집중하는 시간을 보내고 있다.

현대인은 다양한 상황 속에 있다. 바쁜 일상 때문에 정작 중요한 가치를 잊게 될 때가 있다. 그런 지점들을 잘 보내기 위해 글쓰기가 필요하다. 좋은 글을 쓰기 위해 필요한 것이 시간이다. 그래서 시간 활용에 더 주의를 기울이게 된다. 자투리 시간 활용이 가장 좋은 예시다.

우리는 보통 1시간 단위로 스케줄을 체크하는 경향이 있다. 그런데 가만 보면 이 속에 누수되는 시간이 많다. 나 같은 경우는 미팅 전후 10분이 남는 경우가 자주 있다. 그럼 이때도 독서를 한다. 예전 같으면 불필요한 기사 검색을 하겠지만 글을 쓴 이후로는 글쓰기에 집중하거나 글감을 찾기 위한 독서를 하고 있다.

덕분에 다작을 하면서도 글의 질은 떨어뜨리지 않고 7
포 챌린지를 이어갈 수 있었다. 뜻이 있는 곳에 길이 있
다. 결국 스스로 어떤 목표를 세우고 얼마나 노력하는지
에 따라서 나머지 삶도 결정된다. 시간을 소중히 여기자.
그리고 그 시간을 어떻게 활용할지 늘 고민해보자. 그 고
민이 스스로를 성장하게 하는 동력이 되어줄 것이다.

8

범사에 감사하라

성경에 보면 "범사에 감사하라."라는 말이 나온다. 매일 감사한 마음을 갖고 살아가라는 의미다. 최근 몇 년간 필자의 삶이 바뀌었다. 글쓰기에 집중하면서 좋은 것들에 집중하다 보니 감사가 자연스럽게 따라오게 된다. 덕분에 수면 시간이 줄었고 매일 감사를 글로 고백하며 아침을 시작한다. 매일 아침 감사 글을 한 편씩 쓰고 있다. 계속 글모닝을 쓰다 보니 의식적 감사의 중요성에 대해 알게 된다.

역시 무엇이든 끈기 있게 계속하면 큰 깨달음을 얻게 된다는 사실을 다시 한번 자각하게 된다. 2024년 5월에 『위너노트』를 출간했다. 『위너노트』에 담은 정수가 여러 독자분들께 제대로 전달이 되면 좋겠다.

글쓰기에 대해 많은 분들이 관심을 갖고 있다. 그래서 내가 읽어도 납득이 되고 쉽게 이해할 수 있는 책이 될 수 있도록 신경을 썼다. 만약 책을 구매하기 망설여지시는 분들이라면 『위너노트』의 각장 후미에 나오는 〈아침이 주는 N 번째 선물〉을 공개한 필자의 블로그를 읽어보셨으면 좋겠다. 혹은 밀리의 서재를 통해서도 읽어볼 수 있다.

『위너노트』의 〈아침이 주는 N 번째 선물〉을 쓰기 위해 적지 않은 시간을 고민했다. 각 장의 내용을 한 장으로 요약하는 경험은 의미 있는 것이었다. 누군가는 묻는다. '왜 스스로 비용을 들여가면서 다른 사람의 글쓰기 실력을 증대시켜주려고 하는가?'라고. 답은 간단하다. 나의 작은 재능으로 누군가가 성장하고 글쓰기의 즐거움을 깨달을 수 있다면 그 모든 감사가 내게 돌아올 것이라 믿는다.

　그게 사람이든, 물질이든, 다른 그 무엇이든 좋다. 돌아
오지 않아도 좋다. 선하게 품은 마음을 흘려 보내는 의도
가 좋다. 살아오면서 좋은 분들을 많이 만났고 그분들의
도움을 받았다. 그때마다 결심했다. '나도 누군가를 도울
수 있는 사람이 되면 좋겠다.'는 마음을 품었다.

　이제 2024년 5월에 출간한 『위너노트』로 타자의 성장을
돕고, 위하는 삶을 살아가고 싶다. 필자는 꿈을 크게 가지
는 편이다. 100권의 출간을 꿈꾸고 있다. 이제 다섯 걸음
을 마쳤다. 『위너러브』를 8월에 출간했다. 이번 위너모닝
이후로 내년에 4~5권의 책을 준비하고 있다. 예전의 나
라면 일 년에 한 권 정도의 출간으로 만족하였을 것 같다.
지금은 아니다. 그게 최선이 아님을 알았기 때문이다. 당
신의 열심을 들여다보면 좋겠다.

　우리가 생각하는 것보다 훨씬 더 큰 잠재력이 스스로에

게 있다. 그걸 모두가 아는데 나만 모르는 것일 수도 있다. 한 걸음씩만 더 움직여보자. 세상을 아름답게 변화시키는 데 한 가지 역할을 할 수 있는 사람이 될 수 있다. 그 사실만으로도 충분히 벅차고 감사하지 않은가?

9

좋은 생각을 계속하자

요즘 의식적으로 더 좋은 생각을 하려 한다. X와 스레드를 병행하면서 좋은 분들을 더 많이 알게 되어 감사하다. 그리고 『위너노트』를 좋아해주시는 독자분들 덕분에 행복한 시간을 보냈다. 『위너노트』를 읽고 올려주시는 후기는 내게 큰 감동을 준다.

좋은 생각을 이어갈 수 있는 상황과 환경에 정말 너무 큰 감사를 드린다. 좋은 생각은 선순환을 일으킨다. 좋은 생각 → 좋은 말 → 좋은 글 → 좋은 책의 순서로 구조화

된다. 덕분에 계속해서 책을 써나갈 수 있다. 위너모닝 그리고 그 후 생각하는 위너 시리즈의 책을 쓸 생각을 하니 기쁨이 밀려온다.

집필 작업을 이어가면서 작가의 시선을 잠시 내려놓고 독자의 시선으로 책을 바라본다. 그래야 원했던 방향성과 맞는 책을 세상에 내놓을 수 있다. 독자의 입장에서 쓴 책이 더 마음에 와닿는다. 글을 쓰는 사람은 어쩔 수 없이 작가의 입장일 수밖에 없다.

독자의 입장에서 생각하는 시간을 반드시 가져야 한다. 내게 있어 그 시간은 퇴고의 시간이다. 총 20회 이상의 퇴고 시간을 가진다. 그 시간 동안 놓쳤던 부분을 보완하고 부족한 부분은 추가한다. 의미 전달이 제대로 되지 않은 부분들은 수정하는 시간을 가진다.

이 시간이 꼭 필요하다. 책을 내면서 퇴고를 게을리하면 안 된다. 그건 작가가 해야 할 일을 하지 않는 것과 같은 행위다. 글에는 진심이 담겨야 한다. 그래서 매일 좋은 생각을 하려고 노력하고 있다. 덕분에 매일 좋은 생각을 만난다.

아침이 주는 네 번째 선물

새벽에 일어나면 40분과 1시간 20분 루틴을 실행한다. 순차적으로 40분간 미소 짓기, 사색하기, 기도하기, 감사하기, 읽기를 실행한다. 그리고 1시간 20분간 글쓰기를 한다. 새벽 루틴 덕분에 감사가 늘어난다. 루틴에 대한 자세한 내용은 각 장의 마지막에 다루었다.

삶에서 아침을 온전히 나만의 시간으로 가져오는 것이 정말 필요하다. 휴대폰이 울리지 않고 가족들이 잠든 고요한 시간을 자기 계발로 채워야 한다. 감사로 시작하는 아침에 기쁨이 있다. 매일 아침을 "감사합니다."라는 말로 시작해보자.

새벽을 여는 실전 모닝 루틴

새벽을 감사로 풍요롭게 시작하라

기도를 마치면 매일 감사의 제목을 말한다. "오늘도 건강 주셔서 감사합니다.", "사랑하는 아내와 사랑하며 살아갈 수 있게 해주셔서 감사합니다.", "착한 딸을 주셔서 서로 대화하며 아름답게 살아갈 수 있음에 감사합니다.", "사업체를 허락하셔서 열심을 낼 수 있음에 감사합니다.", "글을 쓸 수 있게 해주셔서, 매일 글쓰기를 할 수 있게 해주셔서 감사합니다."라고 마음속으로 감사한 마음을 가진다.

감사가 주는 유익이 너무 크다. 하루를 행복으로 채워나갈 수 있다. 가지지 못한 것을 바라보며 비교하는 사람이 가장 어리석다. 내가 가진 것에 감사하면서 할 수 있는 것에 집중하며 살아가야 한다.

새벽에 외치는 감사는 그런 삶을 살게 만든다. 감사하는 마음이 소중한 것들을 보게 만든다. 늘 함께하기에 당연한 것으로 여기던 많은 것들이 그냥 주어진 것이 아님을 깊이 깨닫게 된다. 그래서 더 아침에 감사하다는 말을 자주해야 한다.

감사는 풍요함을 가져온다. 마음의 풍요함이 정말 중요하다. 글을 써본 사람은 모두 알 것이다. 마음이 가난하면 아무것도 할 수 없다. 마음이 평온하지 못하면 글을 쓸 수 없다. 글에 칼날이 있는 것처럼 날카로움이 묻어난다. 그런 글은 발행을 허락하기 어렵다.

그래서 매일 아침을 감사로 채워나가는 연습을 해야 한다. 감사도 연습이 필요하다. 고마워, 사랑해, 미안해라는 말도 표현을 계속하는 연습을 해야 할 수 있다. 마찬가지로 감사합니다라는 마음의 표현도 연습이 필요하다.

일도 잘하는 사람이 더 열심히 한다. 감사도 마찬가지다. 매일 감사를 외치는 사람이 더 감사를 잘 외칠 수 있다. 매일 새벽 나에게 주어진 소소한 감사의 제목들을 "감사합니다."라고 의식적으로 외치는 삶을 살아가자. 그 속에 행복이 깃든다.

감사

WINNER MORNING

1

매일 즐거운 글쓰기를 하자

글을 더 열심히 쓰고부터 숙면을 취할 수 있어서 좋다. 매일 가진 에너지를 모두 쏟아내고 수면에 들어가서 그런지 자다가 깨지 않고 새벽에 일어날 때까지 계속 잘 수 있어서 행복한 요즘이다.

새벽에 일어나면 먼저 화장실로 가서 세수를 한다. 몽롱한 정신을 깨우는 방법으로는 역시 세수가 최고다. 세수를 하고 1분간 세상에서 가장 행복했던 나만의 추억을 꺼낸다. 덕분에 1분간 마음껏 미소 짓는다.

내게 있어 가장 행복한 추억은 가족들과 함께한 시간들이다. 소소한 일상 속에 행복이 있다. 쉬는 날 경주로 넘어가서 가족과 함께했던 소풍의 기억이 날 즐겁게 한다. 그렇게 1분간 미소 짓고 40분간 루틴(미소, 사색, 기도, 감사, 읽기)을 실행한다. 역시 좋은 책이 너무 많다. 그래서 매일 새벽에 만나는 책들이 즐거움을 준다.

이렇게 40분이 지나면 글쓰기에 돌입한다. 문득 글을 쓰려고 앉았는데 매일 글쓰기를 할 수 있는 게 얼마나 감사한 일인지 생각하게 된다. 그것도 글쓰기를 즐기면서 글쓰기를 사랑하면서 글을 쓰고 있는 지금이 참 좋다. 잘하려면 즐겨야 한다는 말을 요즘 조금 더 깊이 이해할 수 있게 되었다.

잘하기 위해서는 많이 해야 하는데 즐겨야 많이 할 수 있기 때문이다. 요즘 다작을 생활에 스며들게 하는 중이다. 블로그 7포와 트윗을 꾸준히 올리고 있다. 실행이 다작을 할 수 있게 해준다.

틈날 때마다 7포 챌린지에 대한 글을 적는 이유는 공언 효과 때문이었다. 모두와 계속해서 약속을 하는 것이다. 물론 쉽지 않았고 양도 많았다.

그래도 해볼 만하기에 계속 끌고 갈 수 있었다. 도전하는 사람이 결실을 얻을 수 있다. 그래서 글쓰기를 즐겁게 하고 있다. 여러분도 나도 글쓰기를 통해 더 감사하고 성장할 수 있었으면 좋겠다.

2

기분 관리도 실력이다

쉽지만은 않지만 우리가 반드시 품고 살아가야 할 단어가 감사다. 감사한 마음을 가지는 것만으로도 삶의 만족도를 크게 높일 수 있다. 아침마다 "감사합니다."를 외치고 하루를 시작한다. 감사가 주는 감동을 매일 선물 받는 삶은 큰 의미가 있다. 하루의 기분을 밝고 활기차게 만들기 때문이다.

기분 관리도 실력이다. 기분이 좋아야 모든 일을 즐겁게 할 수 있다. 좋은 기분을 유지하는 비결은 감사한 마음을 품고 살아가는 것에 있다. 누구나 다양한 삶을 살아간다. 감사하지 못할 이유가 너무 많을 수 있다. 한편으로 생각해보면 감사할 이유가 너무 많다.

결국, 감사도 선택의 문제다. 감사의 제목이 없는 게 아니라 감사하지 않는 것을 선택한 것이다. 마음의 풍요를 선택하는 것이 감사다. 선택이 가능한 영역이라면 감사하지 않을 이유가 없다. 따뜻함, 사랑, 기쁨의 감정이 아지랑이처럼 피어오르게 하는 감사를 품고 살아가야 한다. 그래야 선한 마음이 나를 더 풍성한 방향으로 이끈다.

3

100권 출간의
목표를 향해 걸어간다

작가라서 감사하다. 지난 8월에 출간한 『위너러브』를 퇴고하면서 문득 그런 생각이 들었다. '정말 목표로 잡는 게 중요하구나'라는 점이다. 매일 글을 쓴다. 『위너러브』는 필자의 4번째 책이다. 위너모닝 이후에는 위너대디와 위너마인드 출간을 계획하고 있다. 2025년에는 4~5권의 책을 출간할 수 있을 것 같다.

100권의 책 출간이라는 목표를 세웠다. 20~25년이라는 계획을 세운 후 글쓰기는 내 삶이 되었다. 때론 무모해 보이는 계획에 가까운 목표를 세워야 한다. 계획을 세웠으면 그냥 하는 거다. 이제 5권 출간한 작가가 100권을 말한다고 웃을지 모르나 필자는 정말 진지하다. 진지하게 이 계획을 실행시켜나갈 것이다.

　나는 인테리어 디자이너로 전문가가 되면서 오래 지속하며 실행하는 것의 힘을 느꼈다. 유튜브를 6년간 운영하면서 시간이 주는 힘을 배웠다. 2024년 초부터 블로그, X, 스레드, 인스타 플랫폼을 함께 운영해오고 있다. 무엇이든 하면 제대로 해야 하는 성격 때문에 시간이 걸렸지만 모두 하길 잘했다고 느낀다.

　덕분에 작가로서 글을 쓰는 시간이 더 늘었다. 자투리 시간에도 X에 글을 쓰고, 긴 호흡의 글을 쓸 수 있는 시간이 남으면 블로그에 글을 쓴다. 틈새 시간에 영감이 떠오르면 인스타에 올린다. 이렇게 생산적인 삶을 살게 되면서 내 삶에 활력이 불어나고 있다. 힘든 일도 훌훌 털어버릴 수 있는 에너지가 생겨나고 있다.

그러니 한두 번 해보고 안 된다고 그만두지 말자. 힘을 내면서 앞으로 나아가야 한다. 그냥 매일 계속하는 것에 집중해보자. 감사할 일들이 계속 일어날 것이다. 누군가의 삶에 도움을 주고, 힘을 줄 수 있는 작가로서의 삶이 감사하다.

4

아침에 좋은 생각을 만난다

요즘 매일 아침에 제일 먼저 하는 생각은 감사다. 모든 면에서 감사로 하루를 시작하며 기쁨과 생기가 넘친다. 좋은 일에 대한 기대감으로 시작하는 하루는 기쁨이 있다. 그래서 매일 아침 기쁨을 만난다. 좋은 글을 읽을 것에 대한 기대감, 좋은 글을 쓸 것에 대한 기대감에 감사하다.

여러분의 하루는 어떠한가? 만약 감사로 시작하고 있지 않다면 한번 바꿔보자. 의식적 감사가 하루의 타임 라인을 감사로 흐르게 바꿔줄 것이다. 좋은 기분을 유지하자.

기분을 잘 관리해야 생산적인 활동을 이어갈 수 있다. 감사한 마음을 가지면 기분이 좋아진다.

감사한 마음을 가지지 못하면 기분이 나빠진다. 기분이 나쁘면 행동에 생산성이 떨어진다. 좋은 글을 읽는 것도 귀찮고, 쓰는 건 더 하기 싫어진다. 좋은 행동이라는 걸 알면서도 할 수 없게 된다. 그래서 기분 관리에 신경을 써야 한다. 좋은 기분을 유지하는 가장 좋은 방법이 감사다.

"오늘도 감사합니다.", "건강을 주셔서 감사합니다.", "좋은 책을 읽게 해주셔서 감사합니다.", "좋은 글을 쓸 수 있게 해주셔서 감사합니다." 등의 말을 매일 한다. 감사라는 마음 덕분에 건강도 잡고, 좋은 글도 잡을 수 있다. 어디를 보고 무슨 말을 하느냐에 따라 방향성이 결정된다.

생각한 대로 이루어지는 걸 숱하게 들어서 잘 알고 있다. 그렇다면 당연히 좋은 생각을 하는 데 집중해야 하지 않을까? 좋은 생각을 하기에 가장 좋은 방법이 감사라면 주저할 이유가 없다. 오늘부터 매일 감사로 채워보자.

5

**새벽이 주는
고요함의 무드가 있다**

새벽이 주는 무드, 새벽에 가질 수 있는 고요함이 있다. 새벽 5시에 일어나는 습관을 지키는 삶을 살아가고 있다. 조금 늦을 때는 6시에 일어나기도 한다. 중요한 것은 새벽 시간을 내 시간으로 가지는 것이다. 새벽이 주는 기쁨과 환희를 경험하는 것은 매일을 창조적인 것으로 채워나가는 과정이다. 타인의 삶과 비교할 필요 없다.

매일 아침 나를 계발하는 시간을 가지는 것에 큰 의미가 있다. 워런 버핏이 말한 것처럼 자기 계발은 가장 효과적인 내적 성장을 이끌어낼 수 있다. '어떻게?'에 집중하면 오히려 어려워진다. 그냥에 집중해보자. 매일 새벽을 그냥 깨우는 것이다. 그냥 일어나면 쉽게 할 수 있다.

당연히 해야 하는 것으로 세팅하는 것이 중요하다. 당연히 새벽에 일어나 글을 쓰는 것만으로도 삶의 많은 부분에 변화를 줄 수 있다. 치열하게 글쓰기를 해온 지 1,000일이 지나고 5포, 6포 챌린지를 넘어 7포 챌린지를 완성했다. 챌린지를 통해 성장하는 스스로의 모습을 들여다보게 되었다.

성장하려면 양을 채워야 한다. 양질 전환의 법칙을 통해 양을 압도적으로 쌓으면 질은 자연스럽게 성장하게 됨을 느낀다. 그래서 7포 챌린지를 완성하고 이제 다음 스텝을 향해 가고 있다. 한 스텝씩 나아갈 때마다 좋아지는 부분들이 보이고 느껴진다. 단단하게 나의 한 걸음 한 걸음의 발자취를 남기려 한다.

매일 아침 샅바를 조이고 스스로와의 씨름에 집중한다. 샅바를 매는 법, 씨름을 잘하는 법 등을 연구하는 시간을 가지고 있다. 스스로와의 경쟁에서 이기는 씨름을 매일 쌓아나가면 삶에 기쁨과 환희, 행복과 감사가 넘친다.

그러니 새벽을 깨울 수 있음에 감사하자. 누군가와 비교하는 삶이 살지말자. 아침의 시작에 감사하며 하루를 성실하게 보내는 사람이 되자. 설렘 있는 새벽을 매일 깨우며 성장해 나가자. 타자와의 비교는 무의미하다. 그러니 단단하게 마음을 먹고 앞을 향해서 나아가자.

6

새벽에 채워지는 에너지

매일 새벽을 감사와 기도로 시작한다. 하루를 시작할 때 활짝 웃는 미소를 통해 큰 기쁨을 얻을 수 있다. 여러 가지 불편한 생각들을 나열해놓으면 끝도 없이 펼쳐지는 게 우리 삶의 현실이다. 그러나 단호히 감사로 하루를 시작해야 한다. 지금 가지고 있는 것, 함께하고 있는 사람들, 소중한 가족에 대한 감사로 하루를 시작한다.

최근에는 블로그와 X 등 각종 SNS로 알게된 결이 같은 고마운 분들과 소통하고 있다. 서로의 성장을 응원하고 함께 격려하는 문화가 참 좋다. 결이 맞지 않는 분들과의 관계는 빠르게 정리하는 것이 현명하다. 때로는 선택과 집중이 정말 필요하다. 불필요한 것에 에너지 낭비를 하지 않는 것만큼 중요한 것은 없다.

매일 필요한 에너지를 충분히 충전하기 위해 새벽마다 미소로 아침을 연다. 더해서 감사한 내용들을 떠올리고 머릿속을 그 생각으로 채운다. 그다음은 독서를 한다. 요즘 심리학 책과 철학 책을 열심히 읽고 있다. 학문의 연계성을 느끼게 되면서 하루하루의 삶이 더 감사하게 다가온다.

새벽부터 저자의 『나는 가장 슬픈 순간에 사랑을 생각한다』라는 책도 아침에 조금씩 읽어보고 반복해서 보고 있다. 새벽 시간에 쓴 글들이 많아서 새벽에 읽는 감회가 새롭다. 감사는 가만 있는다고 찾아오는 것이 아니다. 의식적 노력처럼 의식적 감사를 불러들여야 한다. 부정의 기운은 속도가 빨라서 부르지 않아도 잘 찾아오기에 차단할 방법을 찾아야 한다.

매일 아침 감사로 하루를 시작하는 이유다. 아침에 중무장을 해야 하루의 삶을 감사로 충분히 채워나갈 수 있다. 감사한 마음이 있어야 많은 것들에 충분한 에너지를 쏟을 수 있다. 몸과 마음이 건강해야 무엇이든지 할 수 있다. 가족과 다툼이 있거나 스트레스를 받으면 일이 잘 풀리지 않는 경험을 누구나 했을 것이다.

가화만사성(집안이 화목하면 모든 일이 잘됨)이나, 수신제국치국평천하(나라가 다스려진 후에 천하가 평정된다)란 말이 자주 등장하는 이유다. 하루를 감사로 시작해보자. 보다 부요하고 행복한 하루가 펼쳐질 것이다.

ㄱ

기쁨이 있는 새벽 인사

매일 새벽을 감사로 시작한다. 최근에 만나는 새벽의 감사는 함께하는 사람들과 하는 아침 인사로부터 온다. 새벽부터 "좋은 아침입니다. 오늘 하루도 행복하세요."라는 인사를 건네면 답장이 온다. "안녕하세요. 좋은 아침입니다. 행복하세요."라는 인사다.

이른 새벽의 인사가 행복한 이유는 함께하는 동지와 하는 인사라서다. 글을 쓰는 사람들과 나누는 인사가 즐겁다. 매일 아침을 글쓰기로 시작해 다가올 하루를 감사로 시작할 필요가 있다. 아침의 생각이 하루를 이끌고 가기 때문에 아침 기분이 전체적인 무드를 결정한다. 덕분에 아침에 1분간 미소를 지으며 가장 행복했던 순간을 떠올린다.

『고난은 축복이더라』를 한 번 더 읽어보았다. 그 속에서 피어나는 감사가 있다. 독자를 향한 마음, 나아가 나를 향한 마음이 담긴 책이다. 책을 통해 독자와 소통할 수 있는 기쁨을 누리고 있다. 『위너노트』를 통해 새로운 독자분들을 온라인 공간을 통해 만난다.

함께 공감해주시고 응원해주셔서 힘을 얻고 있다. 새벽에 감사한 내용들을 떠올려보니 『위너노트』 출간 이후 올려주신 후기들이 주마등처럼 스쳐 지나간다. 이 글을 빌려 진심으로 감사드린다고 말씀드리고 싶다. 글을 쓰는 사람으로 책임감을 생각하는 요즘이다. 늘 초심을 들고 겸손하게 배우며 글을 써나가야겠다 다짐한다.

새벽에 감사한 것들을 생각하면 좋다. 그 속으로 들어가 조금 더 자세히 감사의 제목을 찾아보면 더 좋다. 구체적으로 어떻게 더 감사한지 바라보면 감사의 크기를 키울 수 있다. 글을 쓰면서 깊고 자세하게 표현하는 것의 중요성에 대해 느끼는 요즘이다. 이른 아침 고요한 새벽 느끼는 이 감사가 참 좋다.

8

새벽이 주는 무드

지난 1년간 새벽 기상을 이어오고 있다. 주로 5~6시에 기상한다. 새벽에 일어나면 가장 먼저 감사한 생각을 한다. 1분간 미소를 짓고 나면 행복한 생각이 나를 감싼다. 그렇게 잠깐 사색을 하고 읽기 시간을 가진다. 책을 읽을수록 좋은 책이 참 많다. 지금은 『나를 소모하지 않는 현명한 태도에 관하여』라는 책을 읽고 있었다. 겸손에 대한 저자의 언급이 참 인상적이다.

"겸손한 사람은 다른 사람의 박수갈채와 최고라는 평가를 수집하려고 애쓰지 않는다."

- 『나를 소모하지 않는 현명한 태도에 관하여』 마티아스 뇔케

겸손한 사람은 스스로에게 집중한다. 타인의 시선에 초점이 맞춰져 있지 않다. 스스로가 무엇을 해야 하는지 알고 거기에 집중한다. 필자도 책에서 말하는 겸손을 가진 사람으로 살아가고 싶다. 그래서 매일 나의 시간표에 맞춰 인생을 살아가는 데 집중한다.

이런저런 말들에 휘둘리지 말자. 그저 열정적으로 나의 길을 개척해나가면 된다. 조금 성과를 이루었다고 어깨에 힘을 주는 어리석은 행동을 해서는 안 된다. 성경에서 말하듯 교만은 패망의 선봉이다.

다른 사람들의 응원이 절대적으로 필요하다. 세상은 혼자 살아갈 수 없다. 나를 지지하는 사람들의 응원에 힘입어 앞으로 나아갈 힘을 얻게 된다. 그러니 늘 감사한 마음

을 가지고 살아가야 한다. 새벽에 읽기를 하면 온전히 글에 빠져 들어갈 수 있는 장점이 있다.

　겸손에 대해 생각해볼 수 있는 새벽이라 참 감사하다. 잊고 싶지 않아서 가장 기억에 남는 문장을 옮겨 적고 나의 생각과 연결시켜보았다. 새벽은 고요함이 있다. 대부분의 사람들이 잠든 시간에 얻는 것들이 있다. 새벽 무드를 경험해볼 필요가 있는 이유다.

9

감사로 여는 아침을 만들자

매일 아침을 시작하면서 설렘이 있다. 하루에 대한 기대감으로 시작하고 있다. 아침이 주는 희망을 즐기면 같은 삶을 다르게 경험하며 살아갈 수 있다. 생각의 방향성을 어떻게 끌고 가는가에 따라 삶이 완전히 달라진다. 그래서 매일 아침 1분간 가장 행복했던 순간을 생각한다.

가족들과 함께 괌의 투몬비치에 갔던 추억을 떠올려보았다. 아름다운 바다와 그 공간이 주는 여유가 참 좋았다. 사랑하는 사람들과 함께하는 시간은 늘 큰 기쁨과 행복이 있다. 그곳에서 쉼을 얻었던 추억을 생각하니 아침에 정서적 에너지가 충전된다.

하루 동안 내게 다가올 새로운 일들에 대한 기대감을 가지며 하루를 시작한다. 변함없이 살아낼 하루를 축복이 있는 하루가 되길 기도한다. 그리고 읽기에 들어간다. 철학자 하이데거의 『존재와 시간』을 읽고 있다. 난이도가 높다. 존재에 대한 저자의 정의에 다가서려 노력하고 있다.

깊이가 있다는 것에 대해 생각하게 하는 책이다. 철학적 사유가 얼마나 깊은 영역인가를 느낄 수 있는 책이다. 어렵기도 하지만 깊이도 느껴야 하기에 완독을 목표로 열심히 읽어보고 있다. 그리고 이렇게 쓰기를 위해 자리에 앉았다. 요즘은 글을 쓰는 사람의 책임감에 대해 더 많이 생각하게 된다.

그래서 다음 스텝으로 이어지는 강의를 준비하면서 여러 마음을 담아보고 있다. 크게 글쓰기 강의, 전자책 출간

강의 코칭, 종이책 출간 강의 및 코칭을 진행하고 있다. 최근 전자책을 준비하는 분의 전자책 코칭 프로그램을 마무리했다. 필자는 글을 쓰는 삶을 살면서 전자책을 내고 종이책을 출간하는 작가가 되었다. 이제 전자책, 종이책을 출간하려는 분에게 도움을 줄 수 있는 일을 해나갈 수 있음에 감사함을 느낀다.

늘 변함없이 성실한 자세로 모두의 성장을 추구해나가려 한다. 초심, 성실함, 이타심, 선한 영향력 등의 단어를 생각하고 깊이 고찰해가겠다는 생각을 하게 되는 아침이다. 따뜻한 마음을 잘 품으며 선한 결실을 맺어가는 인생으로 살아가야겠다 다짐해본다.

아침이 주는 다섯 번째 선물

새벽 시간의 밀도가 아주 높다. 약 2배의 효과를 볼 수 있다. 2시간을 온전히 채우고 나면 완전한 감사의 마음이 생긴다. 매일 채움과 감사를 경험하는 삶 속에 행복이 깃든다. 감사로 아침을 시작하면 마음에 풍성한 기운이 스며든다. 선한 결실을 만날 수 있다. 가진 것에 대한 감사가 행복도도 함께 끌어올린다.

작가라서 감사하다. 『믿음으로 경영하라』, 『고난은 축복이더라』, 『위너노트』, 『위너러브』를 출간했다. 매년 다작을 이어가려 한다. 글을 계속 써나갈 수 있음에 감사하다. 아침 시간을 효율적으로 사용하는 것만으로 삶을 풍성하게 감사로 채울 수 있다. 하루의 시작을 기쁨으로 맞이하는 것은 감사하는 마음에 있다. **읽기 시간을 통해 배움의 시간을 가질 수 있다. 매일 진행되는 인풋으로 값진 아웃풋의 결실도 맺을 수 있다.**

새벽 독서로 배움의 시간을 만들자

"감사합니다."를 외치는 시간을 보내고 나면 글쓰기에 필요한 읽기 시간을 가진다. 보통 30분 정도의 읽기 시간을 가진다. 많은 책을 읽고 싶어서 속독을 배웠다. 덕분에 빠른 속도로 책을 읽어나갈 수 있게 되었다. 속독을 통해 300페이지 기준 책 한 권의 절반 정도를 30분~60분 이면 볼 수 있다. 즉 150페이지 정도를 읽는다. 부족한 150페이지는 저녁 퇴근 후에 보충하곤 한다. 정말 바쁜 날은 오디오북을 듣기도 한다.

1년에 300권 정도의 독서를 하기로 마음먹었다. 그래서 매일

한 권을 읽어야 그 목표를 달성할 수 있기에 아침 루틴에 읽기를 필수 사항으로 포함시켰다. 매일 책을 읽는 삶은 인생을 풍요롭게 만들고 좋은 글을 쓸 수 있는 정서적 충전 상태를 유지하게 한다.

한근태 작가는 지금까지 약 5,000권의 책을 읽었다고 한다. 필자도 5,000권, 나아가 1만 권을 목표로 한다. 지금 2,200권이니 앞으로 매년 300권을 읽으면 25년 정도 후에 목표를 달성할 수 있을 것이다.

좋은 책이 너무 많다. 그래서 "책책책 책을 읽읍시다"라는 말처럼 책을 일로 삼아 읽어야 한다. 좋은 글은 뇌리에 오래 남는다. 한근태 작가의 『일생에 한번은 고수를 만나라』를 보면 "고수는 독서를 좋아한다."라는 문장이 있다. 전적으로 공감이 된다.

양서를 꾸준히 읽어나가는 습관을 들여야 한다. 양질 전환의 법칙처럼 양을 늘리면 질은 따라오게 된다. 독서량을 늘림으로 인해 쌓이는 지식은 늘어나게 된다. 좋은 독서 습관을 가져야 하는 이유다. 또한 글쓰기를 위해서도 읽기 시간은 반드시 필요하다. 좋은 글을 읽어야 좋은 글을 쓸 수 있게 된다. 그래서 유익한 독서를 매일 새벽에 이어가는 삶을 살아가고 있다.

6장

새벽 기상을 통해
만나는 감정

———————————

WINNER MORNING

1

본질에 집중하자

좋은 글을 쓰기 위해 매일 좋은 생각을 한다. 덕분에 긍정적인 생각을 더 많이 한다. 하루 종일 기분 좋은 생각으로 채울 수 있다. 사람을 살리는 글, 사람의 마음을 따뜻하게 하는 글, 사람에게 도움을 줄 수 있는 글을 추구한다. 그래서 생각도 거기에 맞닿는 내용으로 한다.

덕분에 글로 나오는 따뜻한 마음이 실릴 때가 많다. 그 따뜻함이 독자에게 퍼져나가서 결국엔 나에게 돌아온다. 따뜻함은 누구나 필요하다.

매일 아침 좋은 글로 하루를 시작한다. 나를 따뜻하게 만드는 감사로 하루의 첫 시작 버튼을 누른다. 글쓰기라는 본질에 집중할 수 있어서 참 행복하다. 하고 싶은 일, 즐기는 일, 좋아하는 일을 하는 것만큼 축복받은 삶이 있을까? 필자는 요즘 글쓰기를 원 없이 하고 있다. 덕분에 행복도가 높다.

책을 쓴다. 누군가의 마음이 따뜻해지기를 바라는 간절한 마음이 있다. 다른 이의 마음에 따뜻함을 전하면 그 마음이 다시 내게 돌아온다. 가는 말이 고우면 오는 말이 곱다. 우리 삶을 어떤 방향으로 끌고 가야 할지, 어떻게 살아가야 할지에 대한 정답은 없다. 그렇다고 해서 살아갈 방법을 전혀 모르는 것도 아니지 않는가?

누구에게나 한 번 주어진 인생을 소중히 여기면서 살아가자. 그 중심을 바로 세우고 살아가자. 하루의 첫 시작을 감사로 시작해서 본질에 집중하는 삶을 살아가자. 과정이 아름다우면 결과도 멋질 수밖에 없다.

2

글쓰기가 즐겁다

　요즘 시간만 있으면 글을 쓴다. 글을 쓰는 시간이 참 행복하다. 세상에 이렇게 생산적인 일이 있을까? 그래서 나는 매일 글을 쓴다. 매일 인테리어 디자이너로 한 번, 작가로 한 번 출근을 한다. 그래서 내가 해야 할 소임들을 다해나가고 있다. 누군가의 마음을 움직이는 일은 설렘이 있으면서도 책임감을 가져야 하는 일이다.

　좋은 글을 쓰기 위해 매일 읽는다. 오디오북으로도 듣고 전자책으로도 본다. 종이책도 마음에 드는 부분은 사진을 찍어가면서 읽는다. 그 좋았던 문장들을 잊지 않기 위해 다시 쓴다. 기록하고 생각을 덧붙인다. 이런 과정을 통해 글쓰기를 계속 이어나가고 있다.

블로그 애정 이웃님이 필자의 별명을 글친자로 붙여주셨다. 글쓰기에 미친 자로 불리는 것도 참 좋다. 블로그를 수년간 하면서 여러 별명이 생겼다. 글친자, 결혼 장려 블로거, 열정 만수르, 소통의 왕 등 하나같이 감사한 수식어들이다. 이런 별명들에 걸맞은 사람이 되기 위해 매일 글쓰는 데 더 힘을 쓰고 있다.

여러 가지 부정적인 생각들에 사로잡혀 있다면 글쓰기를 시작해보길 권한다. 글쓰기를 통해 필자도 긍정적인 사람으로 변모했다. 누구나 각자의 고민, 각자의 어려움이 있다. 그 속에 파묻혀 살아갈 것인지, 훌훌 털어버리고 멋지게 살아갈 것인지는 스스로가 결정하는 것이다.

필자는 글쓰기를 통해 부정적인 생각을 상당 부분 털어

낼 수 있었다. 안 된다를 된다로, 할 수 없다를 할 수 있다로 바꾸는 과정을 통해 성장을 경험했다. 여러분도 그랬으면 좋겠다. 시작부터 잘하는 사람은 없다. 그러니 시간이 걸리더라도 잘 견뎌내면서 글친자가 되어보자. 생산성 있는 삶은 우리를 행복하게 한다.

3

읽고 쓰는 삶이 주는
유익이 있다

새벽 이른 시간 아침 감사의 마음으로 하루를 시작한
다. 특별한 감사의 제목을 떠올릴 필요 없이 읽고 쓰는 삶
을 생각하니 참 감사하다. 글을 쓰기 시작한 후 내 삶은
상당 부분 바뀌었다. 좋은 글을 위한 좋은 생각으로 하루
가 긍정적으로 바뀌었기 때문이다. 매일 아침 기도로 하
루를 시작한다. 그리고 좋은 글을 쓰기 위해 전열을 가다
듬는다. 아침이 오는 소리가 들리기 전 고요한 이 시간이
참 좋다.

키보드 치는 소리만 들리는 지금이 내게 선물로 주어진 글을 생산하는 시간이다. 창의적인 것에 힘을 쏟을 수 있다는 사실이 얼마나 감사한 일인지 자주 느끼는 요즘이다. 건강한 신체와 긍정적인 생각을 할 수 있다는 사실이 하루의 아침을 감사로 가득 채운다. 매일 좋은 글을 읽을 수 있고, 좋은 글을 쓰려는 마음이 있고, 그렇게 행동할 수 있음에 감사하다.

세상에는 당연한 것이 없다. 그럼에도 불구하고 우리는 너무나 가진 것들에 대해 당연시 여길 때가 있다. 한 번쯤 내가 가진 것들에 대한 깊은 감사가 얼마나 중요한지 생각해볼 필요가 있다. 내가 가진 소유, 가족, 함께하는 사람들, 내게 주어진 시간 등 소소하게 소유한 모든 것들에 대해 감사함을 가져보자. 감사가 주는 기쁨이 있다.

매일 아침을 감사한 마음으로 삶에 행복이 자리 잡는다. 좋은 건 함께해야 한다는 생각이 들기에 여러분들도 한번 시작해 보셨으면 좋겠다. 아침에 글을 쓰는 시간을 확보하고 "감사합니다."를 외쳐보는 것이다. 생각보다 많은 변화를 느낄 수 있다. '긍정적인 생각, 감사한 마음, 자기 계발이 내게 무슨 유익이 있나?'라는 글을 쓰시는 분들을 종종 본다.

맞다. 유익이 없을 수도 있다. 단, 짧은 시간만 했을 경우에 그렇다. 최소 1년은 해보자. 그럼 달라진 당신의 모습에 제일 놀라는 것은 스스로일 것이다. 사람은 쉽게 변하지 않는다. 그러나 계속해서 좋은 것들을 생각하고 행동하고 배우면 분명 변하게 된다. 그 시간까지 잘 견뎌내는 사람의 삶은 달라진다.

ㄴ

아침의 여유를 가지자

아침에 보이차를 한잔 내어 마신다. 아침에 마시는 차의 여운이 있다. 기쁨은 대단하고 거창한 것에서 오는 것이 아니다. 소소한 일상이 모여 큰 행복이 된다. 요즘 나에게 기쁜 시간으로 자리매김해준 것이 바로 아침 루틴이다.

아침에 2시간 동안 나를 위하고 독자를 위한 시간을 보낸다. 그렇게 하루를 시작하면 보다 더 보람찬 시간을 만날 수 있다. 긍정적인 생각을 하고 그 생각을 매일 글로 쓰는 것은 큰 의미를 가진다. 좋은 생각이 연결되어 생산성을 높여준다.

더불어 매일 글을 쓰면서 글쓰기 연습도 된다. 나날이 나아지는 필력도 선물로 받을 수 있다. 이 정도인데 왜 그동안은 못했을까? 라는 생각을 하게 된다. 아침을 깨우는 사람이라면 모두 공감하게 될 것이다. 그런 생각은 불필요하다.

지나간 시간은 돌아오지 않는다. 그래서 우리는 과거가 아니라 현재와 미래를 어떻게 만날 것인지에 대해 생각하면 된다. 좋은 것이라 생각이 된다면 지금부터 하면 될 일이다. 아침에 차를 한잔 마시면서 즐거운 생각들을 만나는 이 시간이 참 감사하다.

각자의 삶의 시간표가 다르다. 그러니 어떤 시간을 선택하든 자신만의 시간을 만들자. 아침이나 저녁 시간이 좋다. 휴대폰이 울리지 않는 시간을 설정해 나만의 시간을 보내는 습관을 들여야 한다. 그 시간 동안 내면의 성장을 크게 이룰 수 있다. 필자도 아침 시간의 여유를 통해 많은 성장을 경험할 수 있었다. 앞으로도 이 새벽을 깨우며 삶을 멋지게 걸어가보려 한다.

5

**매일 새벽
위로의 시간을 갖자**

매일 새벽 제일 먼저 하는 것은 1분 동안 미소를 짓는 것이다. 하루를 수고로 보낼 나에게 보내는 응원과 함께 좋은 기분을 가지기 위해서다. 아침에는 스스로를 위로하는 시간을 가진다. '알파야 지금까지 수고 많았어. 오늘도 힘내서 파이팅!' 때론 정말 스스로에게 보내는 위로가 필요하다.

다른 사람이 아닌 나 자신에게 보내는 위로의 말이 마음의 온도를 따뜻하게 올려준다. 누구나 힘든 상황을 경

험한다. 현명하게 힘든 상황을 잘 견디는 사람이 되어야
한다. 그러려면 매일 스스로를 향한 위로와 응원이 필요
하다. 필자는 '파이팅!'이라는 말을 참 좋아한다. 그리고
'감사합니다.'라는 말을 자주 쓰려고 하고 있다.

　누군가에게 보내는 응원의 말인 "파이팅!"과 고마움을
표시하는 "감사합니다."는 자주 쓸수록 좋은 말이다. 아
침에는 희망과 기쁨이 스며든다. 지난날의 피로감을 수면
으로 정리하고 새로운 하루를 준비하는 시간이다. 그래서
늘 설렘이 있다.

　하루 동안 있을 좋은 일들을 기대하며 하루하루를 살아
간다. 모두의 삶에 각자의 염려와 걱정이 있다. 그 안에
매몰되지 않아야 한다. 솔로몬의 유명한 말 "이것 또한 지
나가리라."를 기억할 필요가 있다. 타인의 위로만큼 중요
한 것이 스스로에 대한 위로다.

　스스로를 응원하고 위로하자. 그리고 보다 나은 방향으

로 나아갈 수 있도록 힘을 보내자. 생각보다 정말 필요한 일이다. 매일 아침 나에게 보내는 "파이팅!"이라는 말은 생각보다 큰 힘이 있다. 그래서 나에게 한마디 한다. "알파야 파이팅!" 이 글을 읽는 여러분도 "파이팅!"이다.

6

상쾌한 아침의 말 사랑해

함께 일어난 아내에게 "사랑해."라는 말을 건넨다. 하루의 시작을 사랑으로 시작한다. 그 안에 행복이 피어난다. 표현을 자주 해야 한다. 그래야 어떤 마음을 가지고 살아가는지 잘 알 수 있다. 아내와 여러 가지 대화를 나누면서 서로의 마음을 자주 표현하려 노력한다. 표현을 잘하는 것이 우리 부부의 좋은 습관이다.

함께하는 것에 대한 소중함을 자주 느끼는 요즘이다. 우리 가족은 아내와 딸과 함께 서로를 자주 안는다. 허깅에 사랑이 담긴다. 비언어적 표현인 포옹에는 많은 감정이 실린다고 한다. 행복, 기쁨, 환희, 축복, 만족 등의 감정을 느낄 수 있다고 한다. 그렇다면 허깅을 자주 하는 것은 정답이 된다.

한번 가족과 포옹을 해보자. 뭉클한 감정이 샘솟는 것을 느낄 수 있다. 함께 살아간다고 해서 서로의 감정을 모두 아는 것은 아니다. 끊임없는 대화를 통해 서로의 마음을 이해할 수 있게 된다. 사람은 사랑하는 사람과 사랑을 표현하며 살아갈 때 가장 행복하다.

아침에 사랑과 행복을 노래하는 이유는 하루를 기쁨으로 채울 수 있기 때문이다. 아침에는 의도적으로 감사한 생각을 하면 좋다. 나와 함께하는 가족의 소중함을 생각하면서 기쁨을 노래하면 하루를 더 행복한 시간으로 채워나갈 수 있다. 행복이 가득한 삶을 모두가 원한다. 그래서 더 사랑을 해야 한다.

ㄱ

아침에 사랑의 언어를
자주 쓰자

아침에 일어나서 아내의 손을 꼭 잡았다. 미소 지으며 아내를 바라보니 아내도 미소 짓는다. 그리고 "여보 사랑해."라고 아침 인사를 건넸다. 아내도 함께 "여보 사랑해."라고 말해준다. 사랑이라는 말의 사전적 의미는 어떤 사람이나 존재를 몹시 아끼고 귀중히 여기는 것이다.

아내를 소중하게 생각하고 살아가지만 표현을 하는 것에도 힘을 쓰고 있다. 말을 해야 의도를 파악할 수 있다. 말을 전하는 것과 그렇지 않은 것은 큰 차이를 만들어낸다. 말해야 더 깊이 받아들일 수 있다. 아침에 눈을 뜨면 "사랑해"라는 말을 하고 저녁에 잠들기 전에 "사랑해"라는 말을 하려고 노력하고 있다.

말을 하면서 사랑이 깊어진다. 특히 하루를 시작하는 아침에는 더 잊지 않고 "사랑해."라는 말을 아내와 딸에게 하려고 신경을 쓰고 있다. 자주 말하지 않으면 좋은 말을 놓쳐버리기 쉽다. 아침에 하루를 준비하기가 바빠서 말하는 것을 한 번, 두 번 깜박하다 보면 사랑의 언어를 말하지 않는 것이 익숙해질 수 있다.

아침의 행복을 부르는 사랑해라는 말을 습관적, 의식적으로 사용할 수 있게 세팅을 해보자. 아내를 향한 마음이, 남편을 향한 마음이 달라질 것이다. 이른 아침이 주는 상쾌함과 기대감이 있다. 거기에 사랑으로 인한 행복까지 더해지면 하루는 풍성하게 채워질 수밖에 없다.

누구에게나 똑같은 하루가 주어지지만 그 내용은 완전

히 달라진다. 충분히 사랑하며 살아가는 사람과 그렇지 않은 사람으로 나뉘기 때문이다. 다른 결론의 시작은 한 번의 작은 표현에서 나온다. 나의 가족들에게 시작하는 아침에 부끄럽더라도 한 번 말하고 시작하자. "여보 사랑해.", "딸 사랑해."라고 말하자.

그 말로 인해 피어나는 사랑이 정말 크다. 사랑의 언어는 표현할수록 깊어진다. 그러니 망설이지 말고 말하자. 부끄러움은 계속 반복하면 사라질 것이다. 부끄러움보다 사랑의 언어가 주는 행복이 훨씬 크다는 걸 깊이 공감하게 될 것이다.

8

벽이 아닌
문을 만드는 시간

"사람과 사람 사이에는 철문이 있다. 그 철문을 여는 방법은 인사다. 그리고 그 사람에 대해 질문하는 것이다. 그리고 열심히 듣는 것이다."

- 『고수의 질문법』 한근태

    사람과 사람 사이에 철문이 있듯이 나의 마음에도 철문이 있다. 문을 열고 아침 감사를 선언해야 비로소 행복의 문이 열린다. 아침에는 특별히 감사를 노래해야 한다. 감사한 아침을 맞이할 수 있음에 기뻐하며 행복을 느끼기만

하면 된다.

새벽을 온전히 느끼려면 조금 더 일찍 자고 조금 더 일찍 일어나는 습관을 들이면 좋다. 아침에는 고요함이 있다. 조용한 무드가 주는 즐거움이 있다. 해본 사람은 이 기쁨을 느끼고 싶어서 아침형 인간이 된다. 아침에 행복의 문을 열자. 나의 가장 즐거웠던 추억을 떠올리며 즐거움의 시간에 빠지는 경험을 하자.

한 번, 두 번, 세 번 쌓여갈수록 행복을 여는 문의 무게는 줄어들 것이다. 매일 스스로에게 질문해야 한다. 그리고 나의 마음의 소리를 듣자. 그 시간을 통해 행복으로 들어가는 행운을 내 것으로 만들 수 있다. 세상에 좋은 지식은 너무 많다. 그걸 내 것으로 만들어야 진정 좋은 것이 된다.

아침에 나의 마음의 문 앞에 서서 조심스럽게 똑똑 하고 문을 두드려보자. 두드리면 반드시 열린다. 그 시간을 위해 정성을 쏟자. 쏟은 정성만큼 내 마음도 반갑게 만나 줄 것이다. 문을 주먹으로 두드리는 사람과 조심스럽게 노크하는 사람 중 누가 더 매력적인가?

당연히 조심스럽게 행동하는 사람이다. 우리 마음의 문 도 마찬가지다. 이른 아침 조심스러운 노크를 나의 마음 의 문에 보내자. 열린 문을 보고 들으며 마음의 소리에 귀 를 기울이자. 클래식처럼 잔잔한 마음의 소리를 들으면 행복으로 들어갈 수 있다.

아침이 주는 여섯 번째 선물

새벽이 주는 행복이 있다. 글쓰기로 행복을 부르고 스스로에 대한 위로와 응원으로 행복을 곁에 머무르게 하자. 아침에 일어나는 가족들에게 "사랑해."라는 사랑의 언어를 속삭여서 행복을 전달하는 가정 행복 지킴이가 되어보자.

가족들보다 2시간 먼저 일어나 새벽 루틴을 하는 것으로 행복을 부르고 머무르게 할 수 있다. 쓰기의 시간으로 매일 행복을 만날 수 있다. 매일 글을 쓰는 시간과 매일 써야 할 양을 정해서 글쓰기를 해보자.

새벽을 여는 실전 모닝 루틴

새벽 시간의 정수 쓰기의 시간을 가지자

읽기 시간을 마치면 새벽 글쓰기에 본격적으로 돌입한다. 필자는 100일 도전을 좋아한다. 그래서 5포 챌린지, 6포 챌린지, 7포 챌린지를 마쳤다. 300일이 걸리는 대장정이었다. 이 챌린지는 네이버 블로그에 하루에 800~1,000자의 글을 여러 편 쓰는 것이다. 처음에는 5편씩 작성했다. 그 다음엔 6편, 그 다음엔 7편이었다. 이렇게 글을 쓸 수 있었던 원동력은 모두 새벽 루틴이 있었기에 가능했다.

2시간의 시간 중 40분가량을 미소, 사색, 기도, 감사, 읽기에 사용한다. 그리고 남은 1시간 20분을 쓰기에 사용했다. 전날 주제 한 문장과 소스가 되는 단어 2가지를 정했다. 그리고 5~7편을 작성한다. 보통 한 편에 10분 정도 걸린다.

아침에 모두 글을 쓰거나 혹은 저녁에 부족한 1편 정도를 보충해서 쓰는 경우가 많았다. 어떻게 그렇게 글을 쓸 수 있느냐는 질문을 종종 받았다. 그 비밀은 전날 글의 소재를 미리 기록해두는 것에 있었다.

매일의 삶에 글쓰기를 염두에 둔 관찰이 들어간다. 사물을 탐구하고 현상을 이해하는 시간을 통해 기록과 연결시키는 과정을 넣는다. 회사를 운영하면서 만나는 직원, 고객과의 만남 등 모든 일상이 글쓰기의 소재가 된다.

특히 함께 생활하는 아내와 딸과의 에피소드는 행복을 전하는 글감이 될 때가 많다. 이미 아내와의 에피소드는 『위너러브』로 출간이 되었다. 글을 쓰는 삶은 일상을 글쓰기로 끌어들이는 것이다. 삶 속에 녹아든 글을 매일 쓴다. 그렇게 글과 삶이 연결된다.

삶에 대한 태도도 긍정의 뷰로 상당 부분 끌고 올 수 있었다. 좋은 글을 쓰고자 하는 마음을 가지자. 그럼 좋은 글을 쓸 수 있게 된다. 글을 잘 쓰고 싶다는 독자분의 질문을 종종 받는다. 『위너노트』를 집필하면서 느꼈다. 좋은 글은 하루 아침에 탄생하지 않는다. 지금까지 필자는 약 4,000편의 글을 썼다. 40만 자의 글을 쓴 것이다.

글은 자주 써야 잘 쓸 수 있다. 정직하게 늘어나는 영역이다. 그러니 요행을 바라지 말자. 매일 새벽 글쓰기를 하며 매일 글 쓰는 실력을 키우기 위해 노력하고 있다. 그 시간이 매년 여러 권의 책을 출간할 수 있는 원동력이 되고 있다. 여러분의 삶에도 새벽이 유익한 시간으로 찾아오면 좋겠다. 이 시간을 통해 새로운 당신을 만날 수 있는 행복한 경험을 하길 바란다.

7장

새벽 기상을 통해
그리는 그림

- - - - - - - - - - - -

WINNER MORNING

1

아침을 여는 마음가짐

　매일 새벽을 깨우며 아침을 여는 마음가짐에 대해 생각한다. 매일 아침 동일한 루틴을 이어갈 수 있어 감사하다. 건강한 신체를 주셔서 좋은 루틴을 이어가고 있다. 기도하고 읽고 쓰면서 하루를 시작한다. 특별할 것 없는 아침이지만 매일 똑같은 행동을 반복하며 새로움을 만난다.

　기도하는 시간, 읽는 시간, 쓰는 시간은 각각의 매력이 있다. 매일 만나는 새로움 그 기쁨은 필자의 마음에 설렘을 준다. 매일 똑같은 행동을 하는 것 같지만 들여다보면 완전히 다르다. 내용이 달라서다. 기도의 내용이 다르다. 읽기와 쓰기의 주제가 다르다.

정신과 전문의를 오래 하신 저자의 『딸에게 보내는 심리학 편지』를 읽었다. 어렴풋이 생각했던 딸에게 이런 아빠가 되면 좋겠다는 생각이 담겨 있어서 참 좋았다. 딸을 향한 사랑과 따뜻한 마음이 담겨 있다. 연애에 관한 생각, 결혼에 관한 생각, 사회생활에 관한 저자의 생각을 딸에게 가감 없이 전달해줘서 참 좋다.

딸에게 어떤 아빠가 되어야 할지에 대해 생각하면서 아침을 여는 마음가짐에 대해 함께 생각 했다. 나의 아침은 나와의 약속을 지키면서 독자와의 약속을 지키기 위한 시간 이다. 기도와 읽기로 충분히 정서를 충전하고 글을 쓴다.

글쓴이의 정서가 고갈되면 글에도 사랑과 따뜻함을 실을 수 없다. 필자가 열심히 독서를 병행해나가는 이유다. 책을 통해 많은 배움을 얻고 있다. 겸허한 마음을 가질 수 있게 한다. 세상엔 참 멋진 분들이 많다. 그들의 생각에 깊이 들어가볼 수 있는 책이 있어서 참 감사하다.

"좋은 문장을 보면 변함없이 기록한다. 불안하다면 인생을 잘 살고 있는 것이다."

- 『딸에게 보내는 심리학 편지』 한성희

이 문장이 참 좋았다. 우리 모두 불안함과 함께 인생을 살아간다. 그러니 너무 고통스러워하지 말자. '괜찮다. 그럴 수 있다.'라며 스스로를 위로하면서 힘을 내서 한 걸음 더 나아가자. 그렇게 스스로에게도 아침을 여는 마음에 대해 말해준다. 매일 성실하게 기도하고 읽음으로 배우고 쓰면서 통찰을 키우자고 말한다. 아침마다 만나는 즐거운 시간을 계속 이어나가자 스스로를 응원해본다.

2

미래를 여는 아침

아침 시간에 매일 하는 행동으로 미래를 열고 있다. 매일 글을 읽고 쓰는 삶을 통해 앞으로 만들어나갈 결실에 대해 생각한다. 공언한 것을 지키는 것이 얼마나 중요한지를 느낀다. 매일 7편의 글을 쓰는 시간 덕분에 책을 집필하는 작업을 계속해서 이어나갈 수 있었다. 좋은 글에 대한 열망으로 좋은 책을 읽는 시간을 가진다.

덕분에 사유의 힘이 커진다. 현재를 충실하게 살아가는 것은 미래를 준비하는 것이다. 매일 아침 감사함으로 눈을 뜨고 글을 쓰는 삶을 이어갈 수 있음에 감사한다. 다가올 미래에 만날 독자님들을 기대하며 글을 쓴다. 앞으로 다가올 인생을 알 수 없어서 더 큰 기대가 있다. 어려움을 현명하게 극복해나가는 자세를 갖고 새롭게 다가올 설렘은 감사히 받아들일 마음을 가져본다.

새벽 시간에 다가올 미래를 생각하면서 뭉클한 마음을 가져볼 수 있어서 감사하다. 독자님들과 함께할 시간들이 기대가 된다. 새벽 기상을 지켜가면서 미래에 대한 그림을 구체화시켜나갈 수 있어서 감사하다. 멋진 그림 한 편이 완성되려면 스케치 작업을 충실히 하고 채색에 들어가야 한다.

우리의 미래도 그렇지 않을까? 아침 시간에 나에게 주어진 스케치 시간을 충실히 해나가면 원하는 그림과 채색이 완성된 작품을 만나게 될 수 있을 것이다. 매일 새벽을 깨우자. 고요함이 주는 여운을 갖고 희망을 펼쳐보자. 좋은 습관은 좋은 사람을 만든다. 그러니 매일 성실하게 아침을 만나자.

    이렇게 독자님들께 외치는 이유는 나와 여러분의 미래를 향한 설렘을 위해서다. 함께 새벽을 깨우고 그 여운을 만나는 분들이 계신다. "안녕하세요, 행복한 하루 보내세요."라고 인사하는 분들과 함께하는 기쁨이 있다. 매일을 행복한 미래로 채우는 사람이 되어보자.

3

새벽 시간에 만난 위너노트

    새벽에 읽기와 쓰기를 계속해나간다. 『위너노트』를 꺼내서 다시 읽어보았다. 내용도 다시 들여다보고 글 쓰는 마인드에 대한 생각도 다시 해볼 수 있어서 좋았다. 글을 읽다가 삶이 바뀌고 있다는 것을 다시 한번 느낄 수 있어서 감사했다. 『위너노트』를 쓸 때는 온전히 글을 쓰는 데 사용하는 시간이 1시간이었다.

    『위너모닝』을 쓰고 있는 지금은 온전히 3시간을 글쓰기에 사용하고 있다. 하루 중 SNS와 글쓰기에 들어가는 시간을 모두 합하면 4시간 이상이 된다. 그만큼 글쓰기에 진심을 담으려 하고 있다. 피카소는 다작으로 유명하다. 필자도 글을 많이 쓰는 다작을 지향하고 있다.

수많은 글들 속에서 보석 같은 글이 피어날 것이라 믿기에 매일의 열심을 쌓아간다. 새벽이 주는 감성이 참 좋다. 조용한 시간에 스스로와의 만남을 가진다. 내면의 자아와 조우해 좋은 글에 대해 생각한다. 아침 시간을 통해 정서적 충전을 하고 있다. 아울러 미래도 함께 그려본다. 2025년에는 4~5권 출간을 목표로 하고 계획 중이다.

2~3권은 이미 구체화해서 글을 쓰고 있다. 출고와 퇴고의 경험상 3~4개월에 한 권 정도가 적당한 시간표였다. 그래서 2권 정도를 동시에 집필하는 작업도 도전해 보려 한다. 필자는 새로운 도전을 즐긴다. 그 속에 설렘, 성취, 기쁨이 있다. 도전해야 결과를 얻을 수 있다. 그래서 매일 진심을 다해 글을 쓰고 있다.

초심을 돌아보기 위해 본 『위너노트』를 보며 마음가짐을 새롭게 한다. 따뜻한 글, 사람을 살리는 글, 읽는 사람에게 유익한 글을 쓰는 작가가 되기 위해 더 정진해야겠다. 미래를 그려본다. 3~4년 후면 현재 속도로 갔을 때 약 20권의 책을 출간할 수 있을 것이다. 책과 함께 열심을 내며 살아갈 나의 삶이 기대가 된다.

4

새벽에 그리는 내일

새벽에 일어나서 곧 만날 오늘과 내일을 준비한다. 어떤 삶을 살아야 할지에 대한 사색의 시간을 가진다. 글을 쓰는 삶을 살기로 작정한 이후부터 성실하게 글을 쓰고 있다. 매일 정해진 분량을 조금씩 올려가면서 한계에 도전하고 있다. 그 이유는 다가올 시간들을 준비하기 위함이다. 누군가의 삶에 행복을 전하는 메신저가 되고 싶다.

아름다운 마음을 품고 따뜻함을 전하는 사람이 되고 싶다. 글을 쓴다는 것은 누군가에게 이야기를 하는 것이다.

그 이야기에 담아야 할 것들이 무엇인지에 대한 고찰이 필요한 이유다. 100권 출간이라는 목표를 불특정 다수에게 공언한 이후 어떤 책을 써야 할지에 대한 생각들을 더 깊이 하고 있다. 그리고 약속을 지키기 위해 연간 4~5권의 출간을 계획하고 실행에 옮기고 있다.

2024년은 3권의 책을 출간하는 것으로 계획을 완성할 수 있었다. 2025년에는 4~5권의 책을 출간하려 한다. 다량의 책을 퀄리티 있게 만들기 위해 매일 글을 쓰고 있다. 평균 3~4시간씩 글을 쓰는 데 시간을 쏟고 있다. 삶에 지장이 가지 않도록 새벽 시간과 저녁 시간을 활용하고 있다.

새벽에는 나의 미래를 준비하기 위해 힘을 쏟는 시간을 가진다. 그 시간을 통해 나의 깊은 내면과 조우한다. 사색의 시간이 필요하다. 깊이 있는 나의 시간을 통해 좋은 책에 대한 실마리를 얻는다. 책을 계속해서 쓰면서 글 쓰는 사람의 책임감에 대해 더 자주 생각하게 되는 요즘이다. 처음 마음먹은 대로 사람을 살리는 글, 따뜻한 글을 쓰고 있는지 점검한다. 깊이가 있는 글을 쓰기 위해 노력한다. 매일 아침 열심히 글을 읽는 이유다. 대화의 힘을 읽고 있다.

"서로에게 귀 기울일 수 있다면 우리는 잘 살아갈 수 있다."

-『대화의 힘』찰스 두히그

『대화의 힘』에 나오는 문장이다. 필자는 글로 말하고 독자님들의 후기를 통해 듣는다. 글도 대화의 한 장르가 될 수 있다. 그래서 따뜻함을 담고자 노력한다. 매일 글을 쓰며 나의 미래를 그려보고 준비한다.

5

매일 아침 미래를 그려본다

매일 아침 글쓰기를 하면서 미래를 그려본다. 독자들과 강의하고 계속해서 집필하는 내 모습을 생각한다. 매일 미래의 내 모습을 생각하며 성실하게 글을 쓴다. 『위너모닝』으로 만나는 나의 책은 벌써 5편이 되었다. 이제 10권에 다가설 수 있는 숫자가 되었다. 매일 글을 쓰면서 만들어나가는 아침이 있었기에 가능했다.

미래는 오늘의 내가 만들어나가는 것이다. 가만있었는데 잘되는 것은 없다. 매일 아침 동일한 행동을 반복하고 그 반복이 쌓여서 결과가 된다. 그러니 현재의 모습이 내 마음에 들지 않는다고 해서 슬퍼하거나 노여워하지 말자. 필자가 좋아하는 시가 있다.

"삶이 그대를 속일지라도 슬퍼하거나 노여워하지 말라."

- 푸시킨

푸시킨의 시는 현재를 어떻게 살아가야 하는지에 대한 지혜를 담고 있다. 마음을 미래에 살게 두면 고통의 순간을 현명하게 지나갈 수 있다. 너무 슬퍼하고 노여워하지 말라는 시인의 충고는 우리의 마음을 편안하게 만들어준다.

청사진이 펼쳐질 것 같지만 삶은 그렇게 간단하지 않다. 생각하지 못했던 변수를 자주 만나게 된다. 그럴 수도 있다 생각하면서 이겨내는 끈기가 필요하다. 매일 아침 모닝 루틴을 만들어서 열심을 내어야 하는 이유다. 미래의 필자의 모습을 그리며 아침을 희망의 향기로 채운다.

100권의 목표를 5% 달성했다. 이제 95권 남았다. 100권 이후에는? 여전히 계속 글을 쓸 것이다. 다작 하면 떠오르는 작가로 살아가려 한다. 아침에 목표를 이룬 내 모습을 상상하자. 그 기분 좋은 생각만으로도 더 열심을 낼 수 있는 힘을 낼 수 있다.

6

좋은 사람이 되려는
노력이 필요한 아침

좋은 사람은 선한 사람이라 할 수 있다. 심리학적으로는 심리학적 강인함을 가진 사람이다. 정신적으로는 누구보다 건강한 사람이다. 좋은 사람은 결국 정신적 건강함과 심리적 강인함을 가진 사람이라 할 수 있다. 그래서 필자는 좋은 사람이 되기 위해 매일 아침 좋은 생각을 한다.

좋은 사람이 되는 것은 미래를 준비하는 일이다. 미래의 나를 더 나은 사람으로 만든 것은 미래에 더 나은 사람을 만나게 하는 동력이 된다. 그래서 매일 아침 동일한 루틴을 가져가기 위해 노력한다. 아침에는 깊이 생각하는 시간을 가진다. 내면의 자아와 조우하는 시간을 갖는다.

가장 좋은 투자가 자신의 성장을 위해 시간을 쓰는 것이라 하지 않는가? 매일 아침 자신의 성장을 위해 시간을 쓰는 사람은 매일 조금씩 나아질 수 있다. 선한 사람이 되기 위한 노력이 필요하다. 그 노력의 끝 지점에 만나는 좋은 사람이라는 단어가 나의 것이 되는 순간이 올 것이기 때문이다.

매일 선함에 대해 생각해야 한다. 그 긍정적이고 따뜻한 무드가 그 사람을 만든다. 첫인상이 험악한 분들이 있다. 대체로 화가 많거나 불만이 많은 분들이다. 첫인상이 선한 분들이 있다. 대체로 마음에 따뜻함을 품거나 남을 잘 돕는 분들이다. 인생이 얼굴에 담긴다.

매일 아침 짓는 미소, 매일 아침 하는 선한 생각이 나의 얼굴에 담긴다. 그러니 매일 선한 생각을 하기 위한 노력의 시간을 쌓아가자. 필자는 아침 시간을 잘 활용하고 있다. 가장 행복하고 감사한 생각을 매일 아침 하려고 노력하는 이유다.

아침이 주는 일곱 번째 선물

매일 새벽에 미래를 그려간다. 흑백으로 스케치를 한다. 스케치한 도화지에 채색을 한다. 열심히 그리다 보면 한 편의 작품이 완성된다. 우리의 미래는 직접 그려가는 것이다. 걸작이 되는 과정을 담는 것이 인생이다.

미래의 한 지점에서 나를 만날 때 걸작이길 바란다면 새벽을 깨우는 하루하루를 소중히 여기며 살아가는 지혜가 필요하다. 매일 루틴을 반복해야 한다. 반복이 주는 힘은 경험해본 사람은 모두 알고 있다. 그 반복의 힘이 당신의 삶을 바꾸는 원동력이된다.

새벽 루틴을 반복해서
성장하는 사람이 되자

무엇을 하든 반복이 중요하다. 내 몸에 체화되는 시간 이후에는 결실이 쌓일 때까지의 반복이 필요하다. 계속해서 동일한 일을 해나가는 것이 자신의 성장에 큰 도움을 준다. 새벽에 하는 행동이 쌓이고 쌓여 책으로 연결되고 있다.

2024년 필자는 3권의 책을 출간할 수 있었다. 2025년에는 4~5권 출간에 도전하려 한다. 매일 글을 쓰면서 가능해진 스케줄이다. 매년 조금씩 더 성장하는 방향으로 계획을 세워나가고 있다. 한근태, 김종원, 김형석 작가님은 대표적인 다작 작가다.

100권 이상을 출간한 작가들로 필자가 가려는 방향의 삶을 살고 있다. 목표가 삶을 바꾼다. 목표를 세우고 루틴을 만들어야 한다.

바쁜 현대사회에서 나만의 삶을 살아가는 방법을 익힌 사람이 어제보다 나은 오늘을 만들어갈 수 있다. 도전하는 것에 비용이 들지 않는다. 그러니 마음껏 도전하고 계속 두드리며 살아가자. 새벽 루틴을 반복해서 실천하는 것이 두드림의 한 과정이다. 누구에게나 24시간이 주어진다. 이 시간을 100% 지혜롭게 활용하는지, 그냥 흘려보내고 있는지는 오롯이 시간을 사용하는 나에게 책임이 있다.

그러니 매일 아침 일어나는 것에서 만족하는 수준을 벗어나 아침 생산 루틴을 반복해서 쌓아가는 사람으로 성장해나가자. 누구나 할 수 있다. 필자도 계속 반복하면서 삶에 희망을 드리우고 있다. 때로는 루틴이 깨지는 날도 있을 수 있다. 괜찮다. 다시 시작하면 된다. 안 된다, 힘들겠다는 생각을 버리면 된다. 할 수 있다는 마음을 그 빈자리에 채우자. 그렇게 매일 반복하며 살아가면 어느새 내가 원하던 모습을 만나게 된다.

에필로그

『위너모닝』은 필자가 지난 1여 년간 새벽 기상을 하면서 느끼고 경험한 것들을 자세하게 집필한 책이다. 새벽 루틴을 통해 큰 변화와 성취를 경험할 수 있었다. 습관, 희망, 변화, 감사, 행복, 미래, 실전으로 구성된 각 장을 통해서 독자님들만의 아침 루틴을 완성할 수 있는 계기가 되었으면 하는 바람이 있다.

2024년에 3권의 책을 세상에 선보일 수 있었다. 『위너노트』(글쓰기), 『위너러브』(사랑), 『위너모닝』(아침)을 출간했다. 2025년에도 4~5권의 출간을 계획하고 있다. 필자의 걸음을 응원해주시는 독자님들 덕분에 글쓰기에 더 힘을 쏟을 수 있어서 감사하다.

『위너모닝』을 통해 독자님들이 새로운 아침을 만나길 소망한다. 변함없이 사람을 살리는 글, 따뜻한 글, 도움이 되는 글로 여러분과 함께하려 한다. 『위너모닝』이 출간될 수 있도록 지지와 응원을 보내주신 독자님들께 감사드린다. 늘 옆에서 든든한 응원을 보내준 아내와 딸에게도 고마운 마음을 전한다. 『위너모닝』의 출간을 위해 수고해 주신 임종익 본부장님과 김요섭 편집자 님께도 감사한 마음을 드린다.